焦明晨著

文史哲學術叢刊

敦煌寫卷書法研究

文史哲出版社印行

國家圖書館出版品預行編目資料

敦煌寫卷書法研究 / 焦明晨著. -- 初版. --
臺北市：文史哲，民 86
面； 公分. --（文史哲學術叢刊；5）
參考書目:面
ISBN 957-549-076-2 (平裝)

1. 書法 - 中國 - 歷史 2. 敦煌學

942.092 86005387

文史哲學術叢刊 ⑤

敦煌寫卷書法研究

著　　者：焦　明　晨
出 版 者：文 史 哲 出 版 社
登記證字號：行政院新聞局局版臺業字五三三七號
發 行 人：彭　正　雄
發 行 所：文 史 哲 出 版 社
印 刷 者：文 史 哲 出 版 社
臺北市羅斯福路一段七十二巷四號
郵政劃撥帳戶一六一八〇一七五號
電話：八八六－二－三五一一〇二八

實價新台幣四二〇元

中華民國八十六年五月初版

ISBN 957-547-076-2

自序

敦煌所出文物，涵蓋至廣，寫卷之書法藝術即其一域，以多爲墨寶眞蹟，至足世人珍鑑。「書法」者，乃吾國特有之線條藝術，於點畫轉折間，綻放筆家之修持與豪情，其意境之超逸，殆非摹物繪形者所可媲擬。國萃菁華承傳迄今，焉能爲絕響？是以發皇「墨龍」之焜燿，乃吾輩責無旁貸之志事也！

本此職義，遂有斯文之作，纂述期間，多賴恩師：黃師永武，周師行之，蔡師崇名，丁師煌等，不棄愚蒙，諸方啓誨；又賴摯友：王昭欽（麥克）、吳鴻煦、陳德馨諸中之經濟援助；友人吳東蕙、日友新藤由紀、丸山宏之協助翻譯；良友楊于宜、左倩瑜之董理謄稿；學妹林素如之精校細覈，而郭文涓學妹之襄理，尤稱最力焉！文史哲出版社負責人彭正雄先生，欣諾梓印，恩稱莫大者矣！於此一一致上最深之謝忱。

今論文雖成，然深覺得之於人者多，出之於己者少，感激惜福之外，益自警惕淬礪，如蹈淵薄，冀無負衆賢之厚望於萬一！

斯文撰作期間，以時間智力之囿，簡陋舛誤者必多，望四方博雅君子，不吝賜教斧正，則鄙人之幸事也。

民國七十九年一月三十日　南陽**焦明晨**謹識

敦煌寫卷書法研究　目次

敦煌寫卷書法研究——圖錄編目次

圖目錄

第一章 緒論

第一節 研究動機與目的

「敦煌石室」，啓扃迄今，屆滿九十載（註一）。寶藏流珍，溥乎四方。以店藏文物，率爲中古原始史料，故受天下器重，敦煌之學，遂乃興焉，時風所搧，蔚爲世紀「顯學」！

昔陳寅恪氏序敦煌刧餘錄云：

一時代之學術，必有其新材料與新問題，取用此材料以研求問題，則爲此時代學術之新潮流，治學之士，得預於此潮流者，謂之預流（借用佛教初果之名）；其未得預者，謂之未入流。此古今學術史之通義，非彼閉門造車之徒，所能同喻者也。敦煌學者，今日世界學術之新潮流也。（敦煌刧餘錄序）

此即言敦煌之學，乃世紀新學，治學之士，弗能不曉也。「預流」與「未入流」，即在其能否取用「新材料」，以研求學問也。

愚習「敦煌學」，初師潘師石禪，繼從王師三慶。民國七十五年九月，旅學府城，再從黃師永武學。以自幼嗜喜書法，商諸師尊，師即命愚試作「敦煌寫卷書法研究」一文，以爲碩士論文。此則所嗜與所學並合，古學與新知融一。此愚研究纂述之機緣也。

敦煌之學，涵蓋至廣，舉凡：佛教、道教、摩尼教、景教、儒家、史地、語文、社會、經濟、法律、政治、公私文書、中外關係、天文曆算、兵法、醫藥、術數、類書、文學、繪畫、書法、樂舞等文獻，幾無所不包。「書法」，即其一學，且其數量極夥，故特爲重要！

敦煌藏經洞文物數量，據各家記述，包含碎片，總數可達四萬號。其中漢文文獻，約計三萬六千號，今分藏各國。（註二）而其形式，主爲寫卷，除少數拓本、印本外，俱是當時手寫眞跡，以書法角度觀之，率皆研究書法史與書法藝術之珍貴史料也。

中國書法史，傳世墨蹟，宋前較之宋後，實顯稀麟。而今敦煌所出之漢文墨蹟，數量竟可衆達三萬六千號！眞天地曠寶也！而年時亦可上起三國，下逮北宋（註三），其間長達七百餘年，如此豐鉅之史料，非惟可補歷代書學史之闕，實亦可自成「敦煌寫卷書法史」之專題也！而向稱稀珍之魏晉南北朝書跡，今日尤可大量呈顯世人目前，洵爲天壤大事，人間至寶，其意義、價値，自不待辯矣。而吾國通行之主要書體——「楷書」，亦由此大量眞蹟寫卷，而得詳觀其演變軌迹，「楷書史」乃得以明朗於世。此等皆其犖犖可矚意者也。

書蹟所展現之藝術層面，即爲書法藝術。敦煌寫卷之書法藝術，可由其「筆法」、「筆勢」、「筆意」等面而觀知。而時代書風之昌行與嬗變，亦由是而得以明瞭。此等亦其可深視者也。

饒宗頤氏（下簡稱饒氏），於其編撰之敦煌書法叢刊序文末尾云：

區區微意，欲爲敦煌研究，開拓一新領域，給書法史提供一些重要資料，使敦煌書法學，奠定鞏固基礎。敦煌藝術寶藏，在於法書，不獨繪畫而已。識者諒不河漢予言。（註四）

饒氏此言極是，愚深服其酌見與開創之功！「敦煌書法學」，確當予以重視與發皇！

上述諸端，乃愚試作此文之動機與目的也。

第二節　研究範圍

本文題目爲：「敦煌寫卷書法研究」。地域空間，訂于敦煌莫高窟千佛洞所發現之寫卷爲主。（註五）

敦煌卷子中，有寫本、拓本、印本之別，本文則取寫本而捨拓、印本，以寫本量多，且最能傳書法之本眞故也。（註六）

本文時間之限，上起三國，下止唐初，揀選要書四十三篇，依時間先後爲序，逐篇析論，中間分以朝代：首魏晉南北朝，次隋代，末爲唐初。

至夫選篇原則乃：

㈠具題記年代者　蓋具題記年代，乃便於書史定位，及易與近時書蹟作比較。如S五三一九號：

妙法蓮華經卷第三（圖錄編四二，以下簡稱圖編），其末尾題記云：

咸亨二年五月廿二日，書手程君度寫。

用麻紙十九張

裝潢經手王恭

詳閱大德靈辯

詳閱大德嘉尙

詳閱大德玄則

詳閱大德持世

詳閱大德薄塵

詳閱大德德孫

太原寺主慧立監

太原寺上座道成監

經生程度初校

大揔持寺僧大道再校

大揔持寺僧智安三校

判官少府監掌冶署令向義感

使太中大夫行少府少監兼檢校將作少匠永興縣開國公虞昶監

由此題記可知其年代爲唐高宗、咸亨二年（六七一）。書寫人乃程君度，更可明：用紙十九張、裝潢人、詳閱、監寫、初校、再校、三校、與官方總監人等，資料至爲明白備足。

㈡具書法藝術價值者　揀具「筆法」、「筆勢」、「筆意」等之書法美學佳作者。如：S〇〇八一：大般涅槃經卷第十一（圖編一二），南朝、梁武帝、天監五年（五〇六）寫。書法極爲端謹秀麗，工整精遒，清俊溫雅，深具士大夫儒雅之風，可許南朝寫經之冠冕特作。又如：S三五四八：中阿含經卷第八（圖編三三），隋文帝、仁壽二年（六〇二）十二月廿日，經生張才寫。書法端方整飭，俊秀清麗，健勁挺拔；可稱隋朝楷書翹楚，並下開歐、褚之風。

㈢具書法史意義者　寫卷具承先啓後、重大影響、足資考證、可補史缺等書史意義者，亦揀而論列。如首篇：太上玄元道德經，由燉煌郡索紞寫於三國、吳、歸命侯、建衡二年（二七〇）庚寅五月五日。其書史地位極爲重要。又如日本、東京、書道博物館藏：維摩詰經卷第三（圖編三八），安樂三年（六二〇）寫。「安樂」乃乘隋末兵亂，舉兵稱涼王之李軌所建年號，其三年即唐高祖、武德三年也，此卷書法，可明隋唐過渡期之書道概況。

第三節　研究方法與架構

為學當曉方法與架構，雖是情性藝術，亦然。

纂文之初，請益多師，知須備具根柢：

一、具備文字學之知識

二、瞭解書法史之演進

三、體會書寫之技巧

四、鑑別碑帖之常識

五、考察書家創作之背景

六、陶冶藝術之涵養

等（註七）。是以諸項基礎，從根奠起，費時雖多，卻有小得，全文之研究方法與架構，乃成雛型。茲分全文與單篇概述於后：

一、全　文

全文分論文編與圖錄編二部：

㈠論文編

此編為文字論述部份，乃本文主體，凡分五章：

第一章　緒論　概述研究動機、目的、範圍、方法、架構等事項。

第二章　魏晉南北朝寫卷之書法　此時因政治、經濟、社會、文化、宗教等，皆有密切關連，故採合論而序以時年，順觀書史流變。首概述書學狀況，復詳論寫卷之書法。

第三章　隋代寫卷之書法　此期合前政治分據，而歸一統。書法亦總南北之異，而融鑄新體，「楷書」新秀，乃克嶄露。亦首述書史，後論寫卷。

第四章　唐初寫卷之書法　唐書承晉風隋楷而光大之，楷書極度發展，遂呈黃金燦爛。然唐初之書，實乃隋書之延續，直可作隋書觀也。本文以時間之限，僅論至唐初，餘期來日以續成之也。亦先述書學，再論寫卷。

第五章　總結各項心得與發展　此乃總述本文研究敦煌寫卷書法之數項心得與發現，雖未敢稱即其意義與價值，然或有助乎「敦煌書法學」之瞭解與發展。分「書法史」與「書法藝術」二節敍之，其下又皆各有分論，以明其旨要云。

㈡圖錄編

此編乃論文之所據，以屬圖版書蹟，故滙編於文末，以爲附錄云。

至夫選卷原則，已如前述。而圖版選錄數量，則視文章論述所需而定。圖版尺寸，或放大、或縮小、或原寸，亦視所得資料而定。惟於每卷圖錄前，筆者增理資料簡表一份，以明梗要。

二、單　篇

本書，主滙編四十三篇敦煌寫卷論文而成。而每篇論文，有其一定之論述體系。要言之乃：

㈠首敍基本資料，如：名稱、時間、書者（供養人）、長寬、顏色、書體、藏所、題記等。

㈡次論該卷之書法藝術美學，此爲卷中主體。述論時，亦有其序：首總論書風，二論「永字八法」用筆，三論結體，四論章法。（註八）

㈢再述該卷俗字使用情形。

㈣末則與近時書蹟、或同類書品作比較，以觀其優劣、意義、價値、地位等。

以上乃本文研究方法與架構之大較也，亦可謂本文之主機要處。然以才能淺薄，學識謭陋，未克體精識弘，發幽闡微，加以匆促成篇，訛漏必多矣！惟祈博雅方家，不吝賜正爲禱！

【附註】

註一　若據蘇瑩輝氏敦煌學概要定其年代爲：清、光緒二十六年（一九〇〇）五月二十六日清晨，則藏經洞開啓至今，已滿九十載。說見敦煌學概要二一頁。

註二　參國立中央圖書館藏敦煌卷子吳其昱氏序文。

註三　敦煌寫卷即具題記年代者而考，可上起三國，下逮北宋。

註四　參敦煌書法叢刊第一卷序文。

註五　近世於新疆、吐魯番等地，亦尋獲部份寫卷，如：三國志吳志殘卷；西晉、元康六年（二九六）之諸佛要集經；北涼、承平十五年（四五七）之佛說菩薩藏經第一；南朝、梁、普通四年（五二三）之律序卷第上等，雖皆重要墨跡，以非敦煌所出，故弗論之。

註六　拓本如：P四五一〇號：唐、貞觀五年（六三一）歐陽詢書化度寺塔銘斷簡；P四五〇八號：唐、永徽四年（六五四）題記之唐太宗書溫泉銘；P四五〇三號：唐、長慶四年（八二四）柳公權書金剛般若波羅蜜經。印本如：唐、咸通九年印本金剛經；五代印本聖觀自在菩薩眞言；五代印本毗沙門天王造像記等。拓本較之寫本失眞，而印本又屬印刷範疇，故俱弗論述也。

註七　六種基礎要項，可參蔡崇名師著書法及其教學之研究六八一～六八六頁。

註八　此系統可參中國書法大辭典附錄：書法技法術語系統表。此表乃黃簡氏所編製。

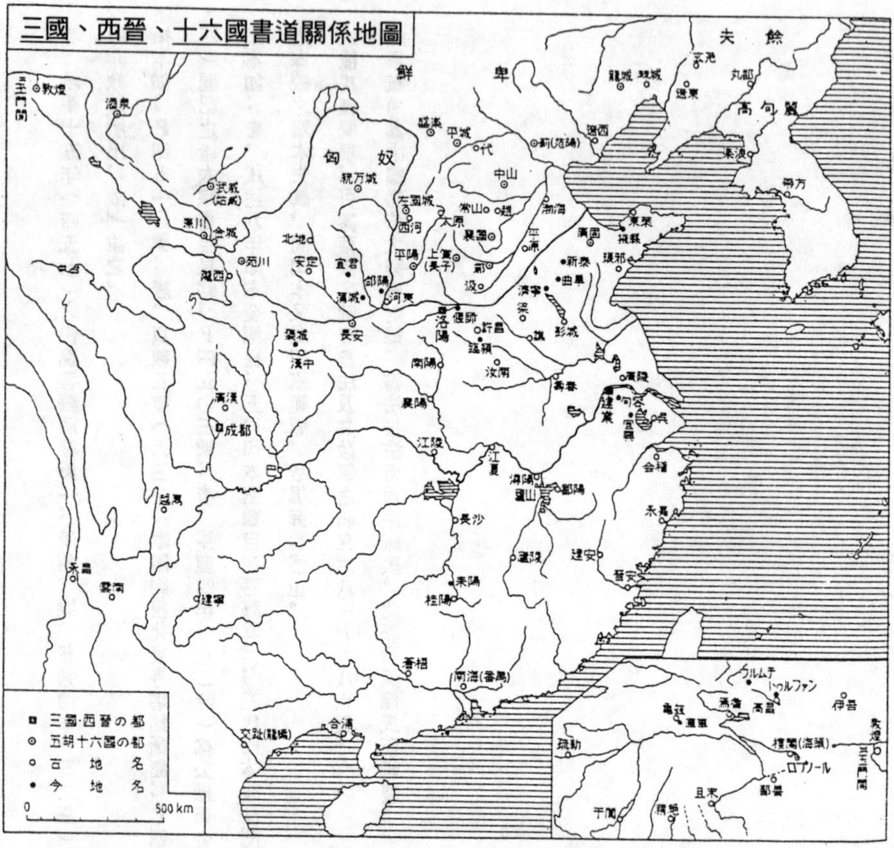

圖一：三國、西晉、十六國書道關係地圖

（取自平凡社書道全集第三卷）

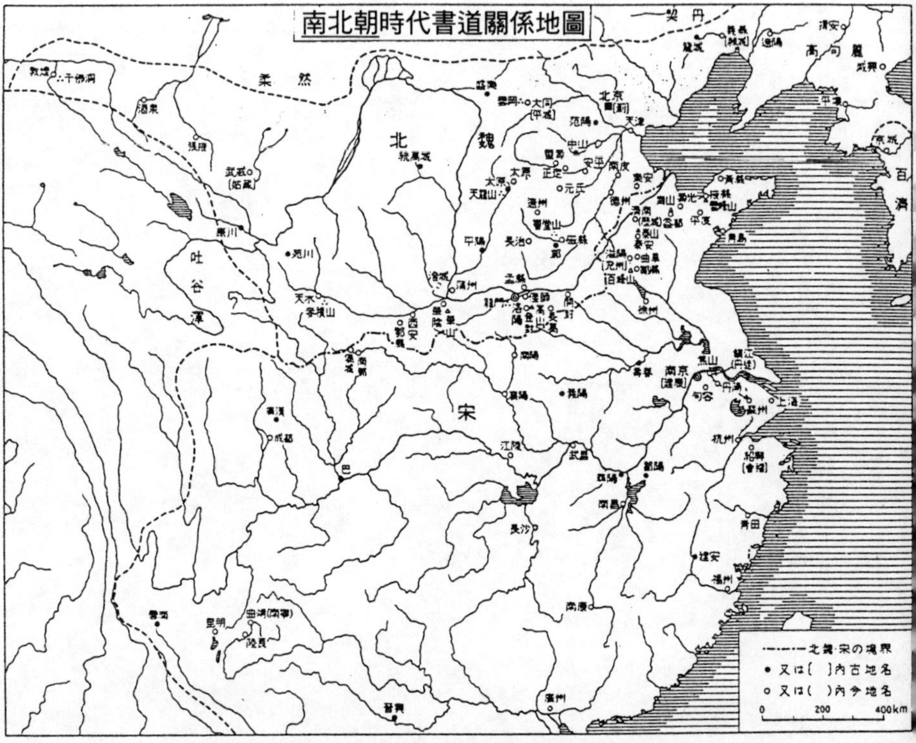

圖二：南北朝時代書道關係地圖

（取自平凡社書道全集第六卷）

第二章　魏晉南北朝寫卷之書法

第一節　概述

本文之魏晉南北朝，乃指：三國（魏、蜀、吳）、兩晉（東晉、西晉）、南朝（宋、齊、梁、陳）、北朝（北魏、東魏、西魏、北齊、北周）而言。此時段于時間、空間、政治、經濟、社會、文化等，皆密不可分，故合論之。此密切關係，證諸敦煌寫卷，益可明晰無疑。茲分述各朝書學概況於后。

一、三國

魏　都洛陽（今河南），據中原之地。自文帝、曹丕、黃初元年庚子（二二〇），傳至元帝、曹奐、咸熙二年乙酉（二六五）止，凡五世四十六年，而篡於晉。

蜀　都成都（今四川），據益州巴蜀之地。自昭烈帝、劉備、章武元年辛丑（二二一），傳至後主、劉禪、炎興元年癸未（二六三）止，凡二世四十三年，而滅於魏。

吳　都秣陵（今南京），據揚、荊二州及交州之地，自大帝、孫權、黃武元年壬寅（二二二），傳至

歸命侯、孫皓、天紀四年庚子（二八〇）止，凡四世五十九年，而滅於晉。（註一）

三國書學，乃賑承漢緒，而更演之。其書史之重要地位，可分二端敍述：一曰：楷眞肇始，行、草成長。二曰：南北書風初源。

㈠楷眞肇始，行、草成長

三國行、草成長，楷眞肇始，可遥於傳世書蹟與書家載記得到應證。如：

博物志云：「漢世安平崔瑗，瑗子實，弘農張芝，芝弟昶，並善草書，而太祖（曹操）亞之。」（註二）

衞恆、四體書勢：「魏初，有鍾、胡二家爲行書法，俱學之於劉德昇，而鍾氏小異。」（註三）

羊欣、古來能書人名：「河東衞覬字伯儒，魏尙書僕射，善草及古文。」「吳人皇象能草，世稱沈著痛快。」（註四）

由右舉諸例，可知三國行、草昌行景況。今日叢帖中，尙存皇象文武帖與急就章等，是亦其例證也。

至夫楷眞之肇始，歷來皆祖述鍾繇，實則源起東漢，至三國而益具形態。惟鍾繇乃特稱精擅者耳。今存世書蹟如：魏、景元四年（二六三）、盪寇將軍李苞通閣道題字；吳、鳳凰元年（二七二）、九眞太守谷朗碑；吳、衡陽太守葛祚碑；鍾繇諸帖；及近世出土三國時之鏡、塼、簡牘等文字，皆可觀知楷眞初蹟。本論文首篇寫卷：太上玄元道德經，乃吳、建衡二年（二七〇），燉煌郡索紞所寫，益可見曉楷眞發展之雛貌。

㈡南北書風初源

後世南北書風異趣，實導源此期。馬宗霍書林藻鑑，嘗論之云：

……其時鍾繇之名既重，敬侯衞覬，本工古文，（見四體書勢）復擅八分，獨與元常抗席，魏之開國兩碑，尊號奏及受禪表，遂以分屬鍾衞，（見古文苑、聞人牟準衞敬侯碑陰，聞人衞之門生，言致可信，顏眞卿以受禪表亦鍾所書，劉禹錫、歐陽修又以爲梁鵠書，皆未見衞碑陰而意度耳）兩家奕葉繼軌，徽美未殊，故晉初書家，皆傳鍾衞之法，逮典午中衰，衣冠之族，南北竄徙，江瓊嘗受學於覬，避地河西，數世傳習，斯業不墜，（見江式論書表）於是衞法乃流於北，王導初師鍾衞，及遷江左，猶懷元常宣示帖於衣帶中，（見王僧虔論書）於是鍾蹟乃流於南，又北有諸崔，竝衍衞緒，南有諸王，益暢鍾風，雖復各自名家，大體莫能相遠，懿茲二完，緜歷千禩，迄於今日，未之或祧，故三國者，又書派上兩大導源也。（註五）

馬氏此論，甚是精到。

三國鼎立，兵馬倥傯，雖無心藝事，然書承漢季洪流，「趨變適時」，「風會所驅，勢有自然」，卒能上承東西二漢，下開兩晉南北，而風溥八方。

二、兩　晉

西晉　自武帝、司馬炎篡魏平吳，統一天下，定都洛陽，傳至愍帝、司馬鄴、建興五年止，凡四主五十三年。爲劉聰所滅。（二六五—三一七）

東晉　西晉既爲劉聰所滅。東晉元帝司馬睿本爲瑯琊王，鎭江左，遂紹大統，都建業（今南京）。傳至安帝爲桓玄所簒，劉裕平桓玄，立恭帝，凡十一主，一〇四年，爲宋所簒。（三一七—四二〇）兩晉合計一五六年。（二六五—四二〇）

晉代書學，仍步武漢魏，故能諸體悉備，稱盛一時，而名家輩出。

㈠西晉

西晉書史有二特點：一爲仍立碑禁。二乃首件名家墨蹟——陸機、平復帖——之出現。因此際碑禁猶存，故碑刻極少，三臨辟雍碑、呂望表，屬公立之碑；郛休碑、任城太守孫夫人碑，乃私立之石，書體俱爲隸書，書風則近曹魏，然楷韻寖多，傳統漢隸分書，其勢遂漸陵夷。禁碑令行，銘刻鮮少，縑紙墨書，遂乃昌興。縑紙輕滑，書法易呈流宕姸美，復以俗好清談，風流競扇，草、行書體，於焉大盛，晉初衛瓘、索靖，並稱「一臺二妙」，草書「並籠南北」，風偃當時，惜其眞蹟無存，不能睹其墨妙神彩，深可惋惜！

楷書承前基礎，續進推演。如元康六年（二九六）之諸佛要集經、永嘉二年（三〇八）之摩訶般若波羅蜜經等（註六），俱爲紙卷眞蹟，柔毫點染，稚拙純樸，楷書原型，歷然目前。

西晉書蹟，因承繼、時風、思潮、材質等故，多顯流美風韻，而此韻致，實又東晉逸美流風之所脫胎也。

㈡東晉

東晉南渡，勢雖偏安，然書流卻能繼盛，王、謝、郗、庾、桓、諸氏，名家輩出，尤以王羲之、王獻之父子之獨特專擅，秀超餘子，勢偃時流者，最稱精絕。其神妙與影響，即千載而下，亦未見衰息，其可謂神奇者也！此際另有可標舉之事，即女書家之擅名也，如衞夫人、郗夫人（王羲之妻）、謝夫人道韞（王凝之妻）、傅夫人（郗愔妻）、李如意（王獻之褓母）等，俱見載於書品、書小史等書。

東晉偏安江左，地屬南土，後之宋、齊、梁、陳，皆承其蔭，唯江北遙隔，書有別異。

三、南北朝

南朝　宋：自劉裕受東晉之禪，擁有南方之地，建國號爲宋，是爲南朝。宋自武帝、劉裕、永初元年（四二〇），傳至順帝、劉準、昇明三年（四七九）止，凡計八主六十年。爲齊所篡。

齊：自高帝、蕭道成、建元元年（四七九），傳至和帝、蕭寶融、中興二年（五〇二）止，凡計七主五十六年。爲梁所篡。

梁：自武帝、蕭衍、天監元年（五〇二），傳至敬帝、蕭方智、太平二年（五五七）止，凡計六主五十六年。爲陳所篡。

陳：自武帝、陳霸先、永定元年（五五七），傳至後主、陳叔寶、禎明三年（五八九）止，凡計五主三十三年。爲隋所滅。

南朝總計一七〇年（四二〇—五八九）。

北朝　北魏：自拓跋珪次第翦滅諸胡，統御北方，建國號曰魏，是爲北朝之始。北魏自道武帝、拓跋珪，登國元年（三八六），傳至孝武帝、元修、永熙三年（五三四）止，凡計十四主，一四九年。後分東、西二魏。

東魏：孝靜帝、元善見、天平元年（五三四），至武定八年（五五〇）止，凡計一主十七年。爲北齊所篡。

西魏：自文帝、元寶炬、大統元年（五三五），傳至恭帝、元廓、三年（五五六）止，凡計三主二十二年。爲北周所篡。

北齊：自文宣帝、高洋、天保元年（五五〇），傳至幼主、高恆、承光元年（五七七）止，凡計七主二十八年。爲北周所滅。

北周：自閔帝、宇文覺、元年（五五七），傳至靜帝、宇文衍、大定元年（五八一）止，凡計五主二十五年。爲隋所篡。

北朝總計一九六年（三八六—五八一）。至隋，中國始復歸於一統。

自晉室東遷，南北之局已定，南朝：宋、齊、梁、陳，畫江而守。北朝：北魏、東魏、西魏、北齊、北周，跨河而治。二百年間，南北對峙，各自爲政，書雖藝事，不能無異。南朝禁碑，豐碑罕覯，而縑素流傳，簡牘爲多；北朝則崇佛，懸崖絕壁，造像刻石，千載如新。故南書多藉帖以傳，北書則託石而壽。

南朝承東晉餘澤，傳二王典法，率皆篤好書法，上自天子，下至臣庶，浸淫成風；國雖不振，書家卻多！非北朝可擬。（註七）至夫名家，要述之，則有：宋，羊欣；齊，王僧虔；梁，蕭子雲；陳，智永。陶弘景、貝義淵之版書，則可儕視北碑。

北朝承趙、燕之後，書出崔悅、盧諶二家，二氏皆傳鍾繇、衞瓘、索靖遺法，實與二王同宗，然因史、地殊異，遂有獨到。此際之書，魏爲最盛，故北碑又稱魏碑，隸楷錯變，無體不備，楷書至此，法則賅備，架勢已成。「龍門二十品」，即其名世之作。至夫名家則有：王遠、鄭道昭、朱義章、蕭顯慶、梁恭之、王長儒、鄭述祖、趙文淵等。

而最能明曉筆法轉運之墨蹟者，此期敦煌石室所出經卷至多，此乃邁入本文主體，茲擇要論述於后，以明大時代之書道史蹟！

第二節　魏晉南北朝寫卷之書法

一、太上玄元道德經　三國　吳歸命侯　建衡二年（二七〇）

是卷太上玄元道德經，由卷末題記：

建衡二年庚寅五月五日，燉煌郡索紞寫已。

知此卷乃于三國、吳歸命侯、建衡二年（二七〇），由燉煌郡之索紞所寫。今世敦煌寫卷中，即可輯見而具題記年時者，殆以此爲最早。曾爲李盛鐸舊藏，後歸順德畫家張虹所有，今在香港，紙本，存一百八十行。

據饒氏考證，此乃傳世最古之老子寫本，存漢末道德經面目（註八）。書者索紞，晉書、藝術傳載之（註九），字叔徹，敦煌人也。少遊京師，受業太學，長於占夢。卷署建衡年號，或曾仕吳，亦未可知。

書法古樸圓潤，清整婉麗，時露章草與隸分筆意，可明三國時，漢隸初蛻，楷眞肇胎之過渡書勢，于夫書史流變，至爲重要。

如圖編一：觀其橫畫起筆多尖，往右下重壓後，旋即收筆，圓潤豐滿，故覺含蓄雋永，已開後世

「揚筆」先機（註一〇）。而其磔畫，益是筆筆右下頓按，極似露滴，遂成本卷醒目特色，惟毫端斂而不揚，隸、眞消長之跡可尋。

點側之法，亦尠矚視，筆末毫鋩常出，如諸「之」字首筆即是。甚有以連筆而成絲牽者，如首行「其」字、二「柔」字、三行「則」、「共」二字等，筆勢時帶行草連動意態。努豎多細直而少變，惟撇掠之筆已成，脫去隸書彎而回鋒上鉤之勢。鉤趯之筆雖未形成，然亦偶見端倪，如三行「弱」字、四行「舉」字、八行「水」字等，雖是毫末自然所成者，然亦足留意。

結體尙稱平整，惟筆多右下重按，故重心、粗筆，率聚東南，然卻又傾而復正，不致欹倒。字體扁者居多，存隸分型制。一字內，筆畫之長短粗細，相差至爲懸殊，尖者至尖，圓者至圓，或重若鈞錘，或輕如鴻羽，冶迴異感觀於一爐，誠妙造神合之作。分間均衡，布白得宜，疏朗珠韻，瀰乎字間；游絲牽運，字勢動活，洵爲鉅觀！

字依界畫而書，故章法齊整均適，秩序井然，亦復諳曉留白分節，故使段意瞭然，遊刃有餘。

寫者於「點」之運用，除承漢碑之用以「呼應」外（如首行「堅」字，末行「社」字等）；尙知以「點」代重復之字（如次圖：三行），此則又金文中已有。斯二者，益可明乎此卷書法，洵前有所承，非憑臆虛造者也。

書史上與此卷近時之書蹟有：湯寇將軍李苞通閣道題字（二六三）、潘宗伯等造橋格題字（二七〇）、明威將軍郛休碑（二七〇）、任城太守夫人孫氏碑（二七二）、九眞太守谷朗碑（二七二）、天發神讖碑（二七六）、封禪國山碑（二七六）、衡陽太守葛祚碑等。然咸爲碑刻，字形雖存，筆法難明。唯此卷字形、筆法等，俱斑斕可考，歷歷能鑑，地位自在谷朗碑、郛休碑之上矣。近世論者，多與三國志吳志殘卷並觀，聯稱「雙璧」！非僅敦煌稱絕，亦書史之上品也。

卷鈐二印：一爲「木齋審定」，一乃卷末「德化李氏凡將閣珍藏」。然葉遐庵（恭綽）、饒選堂（宗頤）二氏，均認係市賈強補，説可備參。（註一一）

二、維摩詰經卷上　北朝　後涼　麟嘉五年（三九三）

此卷維摩詰經卷上，縱二四·四釐米，橫一五六〇釐米，白麻紙，烏絲欄，十接，每接二十七行，行二十三字，今存上海博物館。

維摩詰經，全稱：維摩詰所説經，亦簡稱：維摩經。此爲吳、支謙譯本，後秦（三八四—四一七）鳩摩羅什亦譯之。內容記敍毗耶離（吠舍離）城居士維摩詰，與文殊師利等人辯論佛法之情況。卷首已殘，尚餘「菩薩品第四」、「諸法言品第五」及「不思議品第六」三品，計六千五百餘字。卷後款識：

麟嘉五年六月九日，王相高寫竟，疏拙，見者莫笑也。

麟嘉乃後涼、呂光年號，此卷乃現存敦煌寫卷中，年代較早之一。書者：王相高，史未見載，無從考矣。

卷背亦書經文，前缺十品，至二十七品完，未署題識，字體較爲草率，或與本卷近時，亦未可知。本卷許國霖「敦煌寫經題記彙編」十九著錄之。（註一二）

書法樸拙自然，隨體詰詘，不以機巧而有天趣，若以隋唐楷書衡之，不免蕪雜，然此乃民間俗書，且値隸楷體變初際，能有此書，洵已可貴，弗可鄙棄。

如圖編二：筆畫粗細長短，已較爲平均，橫畫仍存前風，首尖尾粗。努直已加粗，且地位漸增。最足道者，乃捺波與鉤趯之更進。捺筆如首行「文」字、三行「六」字、四行「今」字等。鉤筆如首行「无」字、二行「佛」字、「有」字、四行「覺」、「萬」二字等。

結字雖非平正，然亦錯落而矩度不失，自然地反映出書者情態。字形或長、或扁、或正、或斜，變化多端。較之太上玄元道德經，與元康六年諸佛要集經，其運筆、結構雖不如彼等純熟端謹，然要亦能自成風格。謙稱「疏拙」，實亦本色云爾。

章法因隨烏絲陳列，尚稱均整，惟有補記之文（見圖編次圖首行），如天外飛來，而顯新異。補文綴於右邊，較常字略小。題記頂格而寫，與太上玄元道德經、諸佛要集經者不同。大抵全篇細縝質樸，時露宕意，累如魚貫，密如串珠，亦可珍視者也。

由此寫卷，亦可見知處理誤字之方式。如首圖末行「摩鞊」二字，即以三點「點去」，古人所謂「文不加點」、「點繁」等，蓋指此耳。

吾國俗寫異字，自來即夥，尤以兩晉南北朝爲甚。是卷即此期所寫，故別俗異字不少，如「摩詰」

作「摩鞊」、「无央」作「鞅」、「聚」作「⿰阝聚」、「珊瑚」作「璥瑚」、「髓腦」作「髓⿰月悤」等。題記中：「見者莫莰也」之「莰」字，即「笑」也（註一三）。字衆，弗一一枚舉也。

三、十誦比丘戒本　北朝　西涼　建初元年（四〇五）

此卷末題云：

建初元年，歲在乙巳，十二月五日戌時，比丘德祐於敦煌城南，受具戒，和上僧法性，戒師寶慧，教師惠穎。時同戒場者，道輔、惠御等十二人，到夏安居，寫到戒諷之趣，成具拙字而已。手拙用愧。見者但念其義，莫咲其字也，故記之。

知此卷十誦比丘戒本，乃比丘德祐於北朝、西涼、建初元年（四〇五）受戒時所寫。（註一四）建初乃西涼、李暠，佔據敦煌、酒泉二郡時所立之年號，建初元年即東晉、義熙元年；姚秦、弘治七年也。正背皆同人所書，跋文之前有受戒文，其後則爲講明經文如何分段，以便記誦。全卷長九・七五三六米（註一五），闊二〇釐米，共二十一紙，紙幅大小不甚一律。Clapperton 氏說之以爲：紙作漬污之棕黄色，脆而硬，極易撕裂。厚〇・一九—〇・二一釐米，表面膠度尙佳。製紙之模，每三一釐米約有十縱條，就另一方面言，即強而韌。（註一六）

卷今藏倫敦、大英博物館，編爲：S.〇七九七號。

如圖編三首圖，乃卷子正面，書法宕蕩奇倔，揮灑暢快，行意迭起，與一般經生書之謹飭莊穆者，迥異其趣。以楷書體制未就、又脫隸書典模，復以捷筆運之，遂覺畸奇怪特，絕無僅有，深可注目。

觀其筆畫，率任胸臆而書，幾近無法，然承前之緒，仍可復尋。如橫筆依是先尖輕、後頓重；竪筆則縮「懸針」而多「垂露」；運筆多圓而覺蓄潤；捺筆仍存分意，尤以卷背（次圖），甚是明顯；趯筆則較含蓄而不顯等等。

至夫結體，則縱橫欹側，姿態百出，實難以結體析限之。長者甚長，如九行「灌」、「鼻」二字，形體即頗長；大者至大，如二行「鍋」字即是；扁小者如二行、三行之「刀」字者是，蓋各樣各式，不一而足。

錯落繁茂，乃正面之章法特色，與卷背之疏清細小者異趣，蓋書有前後故也。

大抵本卷正面，可談述者較多，如筆畫朝楷書蔓演；結字欹直正側，百態橫生；章法茂繁落錯，氣象繽紛等，率具書學意義。卷背雖較謹秀，草隸猶存，然詳審之，亦有可道者焉。如前數行之意態，質之太傅元常，不有近類者乎？鑑者玩之。

別俗字者，如：「戒」作「戎」、「戓」，「慚」作「慙」，「坐」作「㘸」，「滿」作「㒼」，「師」作「阝帀」等。

「符號」之使用，除卷背末行「第」、「七」二字點去外，又有乙倒符「乙」之出現，斯亦其可留意者也。

四、建初十二年敦煌郡敦煌縣西宕鄉高昌里戶籍

北朝　西涼　建初十二年（四一六）

斯卷北朝、西涼、建初十二年（四一六）敦煌郡、敦煌縣、西宕鄉、高昌里戶籍，可謂今存敦煌戶籍中，最早之寫本（註一七）。全卷長九一・四四公分，寬二四・五公分，紙色土褐，今藏倫敦、大英博物館，S.〇一一三號。

反面爲妙法蓮華經三品之注疏。敦煌石室所存之戶籍寫本，尚有多種，如：大足元年（七〇一）之効穀鄉、先天二年（七一三）之平康鄉、天寶六年（七四七）之龍勒鄉、大曆四年（七六九）之宜禾里、大順二年（八九一）翟和勝戶、至道元年（九九五）之何石住戶及年代不詳之唐中葉戶籍二種、唐末戶籍二種等皆是。（註一八）

書法腴潤勁潔，勢態雍和，雖祇戶籍寫抄，卻自然可愛。

如圖編四：筆道自然起收，兩端遂多尖鋒，然畫中卻富含血肉，豐腴有致。前尖後鈍之橫畫傳統依存，捺筆亦分意猶在，惟轉折之間，多用「紋轉」圓筆，而感圓勁婉順。以鄉野吏筆，載錄是尚，故鈼鎩不除，走筆隨意，頗能反映庶務俗情。

此卷結體，尚稱規整，惟字間筆畫接連，卻多淺離，而呈「虛接」現象。然卻又不離間架，似斷實連。評者或可鄙其「脫落、鬆懈」，但亦因是而覺其「疏朗、淨明」。字形結構之變化，時可見之，

如「媚」、「煌」二字之偏旁「女」、「火」者，皆上擡，頗懂「相讓」之理；「正月」之「正」字，則形態知變，不流板滯；「建」字「廴」旁，則一彎代之，取其便捷。此等皆其可言者也。

是卷章法乃依籍册形式而書，故其分行布白，極爲寬博，整齊之中，倍感其「疏朗淨明」。法度矩然，而筆意適然，堪稱佳作。

與此近時之書蹟，乃出於東方之：好大王碑（四一四）。碑書古隸，典雅可賞，與此墨蹟之質樸疏潤，自是異趣。東西遙隔，政野別勢，書本異韻，至夫和雅隸風，蓋所同焉。

五、佛說辯意長者子所問經　北朝　北魏文成帝　太安元年（四五五）

是卷佛說辯意長者子所問經，卷末有題記云：

太安元年，在庚寅正月十九日寫訖，伊吾南祠比丘申宗，手拙人已，難得帋墨。

知此卷乃北朝、北魏文成帝、太安元年（四五五）時，比丘申宗所寫。卷長三〇四・八公分，暗淡黃色，今藏倫敦、大英博物館，S.二九二五號背面。正面爲：摩訶般若波羅蜜品第四，尾署：「趙清信經」四字，卻無年時。

此卷書法，因其字形大小、墨瀋濃淡、筆畫粗細、字行疏密等，咸極不均，故書風呈現多貌。然總論其特色，則稚拙隨意，自然而就，質樸有餘，法度不足。一見即知乃非能書者所爲，以其存書體嬗衍之迹，與夫五世紀民間俗書眞豹，故論列之。

斯卷書蹟，卷首部份（如圖編五首圖），字形甚大，且較有矩法。其後，輒幾近童書，無甚可論。初睹字蹟，殆可臆其毛筆，當非良毫，或僅可書之者耳。筆畫粗細不定，長短懸殊，帷橫筆分隸揚波體勢，本卷存留至顯。捺筆亦然，故成本卷醒目要處，圖編五首圖，比比可尋。豎畫此期亦有重要地位，且筆法有變，如首圖：三行「輩」、「第」、「轉」、「相」諸字，五行與六行之「煩」字，七行「慢」、「事」二字等，起筆收筆處，皆較頓重，已非單純直筆劃下，楷書筆法已清晰可見，自足論述。鈎趯之法，亦屢見不鮮，如三行「子」、「轉」、「謗」三字，六行「爲」字，七行「高」、「慢、誹、陣」、「爲」、「死」，次圖：首行「佛」，二行「誦」等，已成常法。

結字通篇而言，並不緊嚴，大小長短、正斜疏密，無不有之；加以瀋墨不勻，稱之「散蔓」，實無不可。惟楷化之字，卻佔多數，隸意殆漸洗盡。

章法之分行布白，疏密斜正，一任其意，雖可識讀其文，仍有「蕪雜」之感，但亦見彼時書寫之率眞不拘。寫者謙云：「手拙人已」，是亦自道其情也。

此期俗字者，如：「慢」作「愓」，「師」作「陣」，「身」作「身」，「訖」作「誁」，「坐」作「坐」，「諷」作「諷」，「服」作「服」，「所」作「所」等。

近時之書蹟有：且渠安周造像記（四五四）、佛說菩薩藏經第一（四五六）、中岳嵩高靈廟碑（四五六）、爨龍顏碑（四五八）等。且渠安周造像記與佛說菩薩藏經第一，乃同一願主涼王大且渠安周所造，故二者書風、用筆相近，以王室寫刻之因，固較爲整飭端謹，與本卷之朴野任情，自是迥別。

然其隸書波勢，則至爲相類：橫畫起筆直落，筆鋒朝上，收筆頓下而後上揚。此蓋時代書風之象也。爨龍顏碑及中岳嵩高靈廟碑，已入正楷，然其古樸多態，亦與本卷同勢。

總論本卷特色：楷隸之筆與古拙多態，可謂時風，惟出俗筆，略嫌「手拙」，置諸書史中，差可與流。

六、金光明經卷第二　北朝　北魏獻文帝　皇興五年（四七一）

此金光明經卷第二，乃由曇無讖于北涼玄始六年（四一七）五月，居敦煌時所譯。是卷書寫年代爲：北朝、北魏獻文帝、皇興五年（四七一），距曇無讖譯時，蓋已五十餘年矣。末尾題記云：

皇興五年，歲在辛亥，大魏定州中山郡盧奴縣城內西坊里住，原鄉涼州武威郡租厲縣梁澤北鄉武訓里方亭南，葦亭北，張壊主，父宜曹諱昺，息張保興。自慨多難，父母恩育，無以仰報。又感鄉援，靡託思戀。是以在此單城，竭家建福，興造素經法華一部、金光明一部、維摩一部、无量壽一部，欲令流通本鄉，道俗異翫。願使福鍾皇家，祚隆萬代。祐例亡父亡母，託生蓮華，受悟无生。潤及現存，普濟一切，羣生之類。咸同斯願。若有讀誦者，常爲流通。

知此卷乃張壊主造寫。原物爲黃絹，楷書體，今存法國、巴黎國立圖書館，編爲P.四五〇六號。乃法京所藏敦煌卷子，具題年之最早者，亦是現存最古絹本之一。（註一九）

是卷書于黃絹布上，質地與前列諸篇不同。書法整齊謹飭，清勁秀朗，筆法純熟，體勢迭蕩，峭俊之中，仍不乏蓄潤。復以墨色晶瑩，黃絹有彩，更見色澤斑斕，閃炫耀目；年代久遠，題識長備，彌見書學意義。洵可稱書史劇蹟，書道至品！

觀乎圖編六，知其筆畫率已成楷法，隸意可謂消盡，然仔細尋繹，仍有隱存。如首圖：首行「聞」字左門，三行「少」字「長曲撇」（註二〇），五行「大」字「豎撇」，六行「衆」字長斜撇等，筆畫末段多向左彎，分意猶存。又字之有「橫波」勢（註二一）者，脫胎分隸之跡，亦可隱見。其餘「側」、「勒」、「努」、「趯」、「策」、「掠」、「啄」、「磔」諸法，已屬楷則。尤其「橫畫直下，直畫橫下」之運筆方式，本篇表現甚爲新晰剴切。楷書演化至此，什九已成定型。故此卷於夫楷書發展史中，居要樞關鍵，治書學者，弗能不曉也。

至夫結字，亦已洗脫分書扁型，而趨楷書方正。「橫波」主筆法則，已不復存焉。此篇字形雖是方整，然體勢卻宕蕩險奇，所謂「寓險絕於方整之中，求變化於平正之內。」者是。行筆峭勁灑落，氣勢健舉，此蓋北朝魏風之字貌者也。

此卷章法直行橫列，規整均稱，分行布白，亦愼心經營，堪許北朝寫卷表作。散文韻文，各有款式，不相雜廁。卷末題記，字蹟較小，主從可判，且其書已帶行意，開啓後世行書題末之習，良可留意。

斯卷別體俗字甚多，如：「肉」作「宍」，「希」作「斋」，「薰」作「⿱艹勲」，「網」作「䋄」，「惱」作「⿰忄⿱凶皿」，「寂」作「家」，「虎」作「乕」，「修」作「偹」，「哭」作「尖」等，衆不遍學。

近時書蹟有：劉懷民墓誌（四六四），申洪之墓誌（四七二）等。劉懷民墓誌，古茂渾樸，凝重圓潤，然刻不甚精，或肥潤，或漫泐，去金光明經卷第二，自不可以千里計。申洪之墓誌，字形與刻勒，益是鄙陋，天壤之別，無可比論。

綜觀此卷之要點與特色，概述之則：一、楷書至此，型制已成。二、筆法純練，字形整飭。三、體勢迭蕩，章法清明。四、墨瑩絹黃，倍添氣象。

七、雜阿毗曇心經卷第六　北朝　北魏孝文帝　太和二年（四七九）

此雜阿毗曇心經卷第六，書於北朝、北魏孝文帝、太和二年（四七九）。卷長二一三・三公分，色黃。題記云：

雜阿毗曇心者，法盛大士之所說，以法相理，玄籍浩博，擢昏流迷於廣文。乃略微以現，約瞻四有之害，見通三界之差，別以識同至味，名曰毗曇。是以使持節侍中駙馬都尉羽眞太師、中書監領秘書事車騎大將軍都督諸軍事啓府洛州刺史昌梨王馮晉國，仰感恩遇，撰寫十一切經一一經一千四百六十四卷，用答

皇施。願

皇帝陛下

太皇太后　德苞九元，明同三曜，振恩闡以熙寧，協淳氣而養壽。乃作

讚曰　麗麗毗曇，厥名无比。文約義豐，捴演天地。盛尊近剖，聲類斯覗。理無不彰，根無不利。叅云斯邑，見云亦帝。諦修舌甈，是聰是備。

大代太和三年，歲次己未，十月己巳，廿八日丙申，於洛州所書寫成訖。

寫造經卷緣起，記述甚詳，亦可知本卷書於洛州，而流入敦煌者。今藏倫敦、大英博物館，S.○九九六號。

本卷書體雖屬楷書，然行意頗重。書法方折峻切，鋩鎩呈露，獷野稜轢之風，遍普全篇，雖奇偪芒出，尚稱齊整有法。

如圖編七：筆畫多直粗橫細，對比頗強，然大抵以細勁爲主。運筆自然落毫下切，煞筆亦直接收束，遂多稜角鋒鋩。橫畫時存前風「首尖細後頓圓」之特色，如諸「三」字、「業」字、「障」字、「報」字、首行「此」字、末行「五」字等是；楷書落筆按毫之「首按尾頓」體勢，亦並使用，如諸「大」字、「可」字、「果」字、「不」字等是。故是卷之筆法，實新舊俱存，而風格嶄新，如五行之「一」字，乃此新舊筆法結合下之新產物，形勢至爲特奇。捺筆之表現，亦甚爲別緻，筆毫下壓鋪鋒後，常中途收筆，不作完勢，故捺鋒多中斷，如四行「故」、「又」二字，五行「大」字、八行「故」字，末行「大」字等是；即使完鋒，亦含蓄不揚，與通篇之芒勢處處，又成一明顯對比，頗具藝術感染力，如諸「大」字、「彼」字、末行「趣」字等。鈎趯之筆，亦具特色，趯時多靠筆鋒彈力而

出，故虛芒甚多，尤以豎鉤最是顯例，如諸「轉」字、「時」字、「業」字、「則」字等，即是也。掠勢最可談者，莫若「大」字之「豎撇」，筆鋒多縱下而後左行，幾近直角，至爲新異有趣。結體險特宕邁，復加以粗細、銑錣等對比，益顯本卷桀驁凌厲之色。北書縱橫奇倔之風，豈獨現于碑刻哉？

章法統攝，御奇宕於規矩之中，直行橫列，各就步班，風格遂得一貫，此其勝處也。分間布白，亦稱均適，尤以行距甚爲寬綽疏朗，使銑錣桀驁中，猶有清明朗地，得有歇緩。卷末題記，行書而識，字間縝密，幾不漏水，與經文之寬綽疏明，又成對比矣！雖蟬聯銜集，流邁有態，然款式儼然，無有怠失，法制存焉。

時屬南北朝，俗字屢見不鮮，如：「答」作「荅」，「惱」作「𢡟」，「最」作「㝡」，「因」作「囙」，「障」作「鄣」，「壞」作「壊」，「督」作「𥃳」，「卷」作「弓」，「厥」作「𢋍」，「聽」作「聦」，「啓」作「啔」等是。

八、佛說歡普賢經卷　南朝　齊武帝　永明元年（四八三）

前所論述之敦煌寫卷，除首篇：太上玄元道德經爲三國、吳時者外，餘皆屬北朝。此卷佛說歡普賢經卷，則爲南朝作品。書於齊武帝、永明元年（四八三），題識云：

永明元年正月謹寫，用紙十四枚。

比丘尼釋法敬供養。

末行「比丘尼釋法敬供養」，雖是書後增記，然可明供養者乃比丘尼釋法敬，並無損乎原卷之書法與年時。卷今存日本、東京、書道博物館。

是卷書體，已脫盡隸書法意，全用楷則，堪稱楷書典型。書法端謹方正，筆法精純，筆勢峻麗，乃南朝罕見精品。

如圖編八，其筆畫起止，皆以法運，絲毫不苟，健勁非常。横畫多細，直筆較粗，尤以轉折處，率用「折轉」方筆行之，折時筆毫鋪開直努而下，遂成字篇中粗重之處，如諸「國」字、「者」字、「脩」字、「四」字、「勑」字、「但」字、「有」字等。與前圖編四：建初十二年敦煌郡敦煌縣西宕鄉高昌里戶籍所用「絞轉」圓筆者，正自相對，而絕不相侔。鈎趯亦是本篇特色之一，常與折努並出，如首圖：三行「脩」、「苐」二字，四行「齋」、「勑」、「內」、「力」等字，皆是筆鋒鋪努後，勁折而上，指力與毫力齊揚，遂覺方銳勁折，氣勢外射。後世趙孟頫子昂之「厥法」，有類此篇，尤以四行「內」字一鈎，歎爲神肖！捺磔之表現，卻異方折本色，鋒穎歛而弗出，溫藹蓄潤之風，頗具「調和」作用。如諸「人」字、「是」字、「及」字，五行「處」、「令」二字，六行「道」字，次圖：首行「久」字，二行「天」字，三行「大」字等是。尚有一處可言者，即：首行「事」字，五行「行」字，次圖：三行「行」字等，其「豎鈎」不作直筆，而向右彎曲，顏字豎鈎曲意，不與此有逼似者乎？

本卷結構上之特色，乃「端正謹嚴」。分間布白，極爲穩當妥貼。「挑挽」（註二二）之法，表現至佳，如：首行「乞」、「伐」二字，二行「戮」、「獵」二字，三行「懺」、「民」二字等即是。「補空」亦得宜，如：首行「伐」字，四行「懺」字，七行「滅」字等是。他如：「增減」、「相讓」、「貼零」等諸法（註二三），俱細心而得適。

除題記末行「比丘尼釋法敬供養」諸字爲增書者外，全篇接上承下，風格一致，整齊而調和，章法之規整一貫，堪許南朝典範。

世謂南北朝俗字衆夥，然此南朝、齊武帝時寫卷，卻無預想之多。如：「懺」作「懴」，「脩」作「脩」，「慚」作「慙」，「歡」作「歡」等，字形實已多近正字。

斯卷書法總評之，率乃：端整謹鍊，方峻勁健。殆書者「謹寫」之故。此與北朝書風，雖有謹肆之別，然不至參辰，「南北書派」、「南帖北碑」論者，析判若涇渭者，實屬過論與無庸。後世呂超墓誌者，刻於永明十一年（四九三），同爲南朝、齊武帝時作，書法明秀渾穆，結體端整均平，用筆方折俊麗，與本卷多有同風之處，可參覽焉。

九、大方等大集經　南朝　齊武帝　永明十年（四九二）

是卷大方等大集經，北涼曇無讖所譯。與前卷佛說歡普賢經卷，同書於南朝、齊武帝、永明年間。此卷書於永明十年（四九二），由比丘無覺敬造。卷末題記云：

永明十年八月七日，比丘无覺，敬造大方等大集經一部。以此功德，願七世父母，早生淨土，心念菩提，一切含生，壽命增長，遠離惡道。

今藏日本、京都國立博物館。

書法溫和雅秀，氣度雍容，運筆圓勁，頗有韻致。如圖編九：其筆畫最大特色，即波磔特爲延長豐腴，並常帶鋒鋩。如諸「來」字、「是」字、「退」字、「進」字、「念」字、「故」字、「遠」字、「父」字、「道」字等即是。點法多短頓下按，墨聚如珠，亦是本卷重要筆勢，如諸「未」字、「次」字、「以」字、「失」字、「法」字、「復」字等。撇掠雖非主筆，亦多細長，如諸「者」字、「名」字、「爲」字、「命」字者是。總言此卷運筆，率溫潤圓轉，血墨充足，鋩鍛多斂，而腴秀清融。

書體雖是楷眞，然結體卻多變。如具波磔之字，捺波常突伸方格之外。橫短之字者，有：首行「亦」、「次」二字，四行「以」字等。側姸取勢者有之；欹奇而立者有之。要言之：體勢多態，各呈其美。惟咸能納歸矩陣之中，無有偏馳。由篇中諸「名」字、「力」字、「次」字、「爲」字等，其形勢筆法幾近模造者而觀，可知彼間架、筆勢之自然純熟，乃變中之不變而統一者也。

章法通篇而觀，尚稱齊整有法，風格一貫。縱依烏絲而書，自是齊對；橫列雖無直行之對齊，然亦相去不遠，而帶參差意趣。卷末題記，低格而書，主從可別，惟筆勢氣韻，較之正文，似更具情態，深可注目。

俗字則有：「亦」作「亽」，「離」作「雝」，「發」作「癹」，「多」作「夛」，「壽」作「夀」，「惡」作「悪」等。異俗現象，較無北方陸離。

題記左上方，鈐有「木齋鑑賞」一印，蓋是卷曾爲李盛鐸氏所藏，可足珍貴。妙相寺造象題字，刻於永明六年（四八八），早於此卷四年。書法整俊勁麗中頗具姿態，與本卷有近風之處。呂超墓誌，刻於永明十一年（四九三），與本卷隔年而作，然與佛說歡普賢經卷書風較類，說已見前。暉福寺碑，北魏太和十二年（四八八）所書，書法高簡，宏整遒麗，與本卷之溫潤雅麗者有別。南帖北碑之說者，雖有過論，然亦皆非嚮壁虛造，無所憑據。治書者，當多方詳審而細心照察也。

一〇、維摩義記 北朝 北魏宣武帝 景明元年（五〇〇）

此卷維摩義記，乃維摩詰所說經之注疏，什公所譯者也，存第三以下至十四章末卷。尾題云：「景明原年二月廿二日，比丘曇興於定州豐樂寺寫訖。」知書者爲比丘曇興，於定州豐樂寺所寫。定州在今河北一帶，此時敦煌諸寺，蓋已與內地中國相交往矣。全卷長七九二·四八公分，蘗黃染紙，今紙端尚存白色。卷藏倫敦、大英博物館，S.二一〇六號。

斯卷最大之特色，乃其書體爲行草書。敦煌寫卷中，其爲行草書且具年時者，此乃最早之一，于夫書學史有重大意義。書法流暢緜密，情意灑落，氣勢旺順，行筆自然。

如圖編一〇：筆畫粗細差異不大，而率以矩碎勁小爲主，運毫純熟自由，鋒隨意走，起止頓接，猶無定法。惟直落逕收，游絲鋒芒不少，故感放獷有餘，而謹練不足。蓋此期行草書體罕以寫經，且値北朝，存見此風，當無足怪也。筆法之轉折使運，方圓並用，和俊偕存；筆勢之牽連映帶，行止由意，無有罣礙。

結體自是多彩多姿，隨心變幻，然亦不致變亂常法，荒誕不經。由諸字依可識讀與夫筆順循序有律，知其規範無棄，綱則猶存。且篇中多數爲行書，草字稀零，結體構字，依有楷影，仍可賞析。

此卷一行之內，約書三十字，較之一般楷書寫經之十七字，多出十餘，故行內字小而密，如魚貫珠連，弗能走馬；且首尾溢出界外，踰線超書，誠寫卷章法之特風，帷行距尚稱有間，遂覺密中有疏，緊中留寬，頗具「對比」藝術效果。行中茂繁，行間寬舒，狀如「列柱」，可推本卷章法之特色。

雖是行草寫卷，仍不乏俗字，如：「寂」作「家」，「惱」作「惚」，「糞」作「鲞」，「惡」作「悪」，「喜」作「書」，「序」作「序」等。

近時書蹟，多爲造像記與墓誌銘之屬。如：元詳造像記（四九八）、始平公造像記（四九八）、元羽墓誌（五〇一）、鄭長猷造像記（五〇一）、孫秋生造像記（五〇二）、高樹解伯都造像記（五〇二）、比丘尼曇媚造像記（五〇三）等。其書體、風格、品類等，俱與本卷異疇，北朝風物之繁盛，於此可見。以本卷之行草書、紙質、寫經等項，置諸當時書品，可稱無愧且能獨樹旗幟云。

另有勝鬘義記一卷者，亦行草書、紙質、寫經之作，書於正始元年（五〇四）二月十四日。其筆法、結字、氣韻、風神等，與本卷率頗有近類，堪稱北魏宣武中，行草寫經之「雙珠」，學者鑑賞之。

一一、大般涅槃經卷第四〇　北朝　北魏宣武帝　正始二年（五〇五）

大般涅槃經卷第四十，由比丘僧照寫，書於北朝、北魏、宣武帝、正始二年（五〇五）。題記述寫經緣起頗詳：

正始二年正月八日，信士張寶護，武威人也。涼州刺史前安樂王行參軍援護。蓋聞志性虛寂，超于名像之表；冥化幽微，絕于㲉尋之旨。是以弟子開發微心，减割資分之餘，雇文士，敬寫大般涅槃一部。爲七世父母、所生父母、家眷大小、內外親戚，遠離三途，値遇三寶。覩聞者悟旡生忍，能受持讀誦者，證於十住。龍化初會，躬爲上首，一切含識之類者，同斯契。比丘僧照寫　張援經。

卷豎二六・四公分，今藏日本、東京、書道博物館。

書法峻折健勁，氣勢凌厲，甚得北朝書風本色。日人牧田諦亮評云：「遒勁清雋，善傳北碑筆法。」頗能得情。（註二四）

如圖編一一：其筆畫橫者較細，縱者多粗，橫筆依存前緒：「首尖尾粗」，如諸「薩」字、「三」字、「生」字等；而楷書「首按尾頓」筆法，本卷漸多使用，如諸「千」字、「大」字、「万」字、「女」字等，筆毫下按與頓收，皆甚明顯，新舊並用，各臻趣韻。捺畫筆毫鋪撐，筆勢寬厚，遂成本篇重點要筆，如諸「是」字、「大」字、「昧」字、「人」字等，氣勢甚爲渾厚雄健。撇掠之筆，粗細俱見，皆甚勁挺得勢。而以細者，較引人注目，如諸「昧」字、「人」字、「億」字、五行「大」字、六行「多」字，次圖：首行「大」字等，細勁若絲，極具險奇態勢。由斯亦可知僧照運毫，西南行筆或較爲輕提，而東南走筆，則較爲重按，此蓋書者用筆習慣故也。再觀其轉折間，筋節稜露，筆勢重按，亦是筆力著處。如諸「名」字、「如」字、「界」字、「得」字、「量」字等是。鈎勢表現至爲峻快利落，予人有「速捷」之感，如諸「昧」字、「等」字、「万」字、「吼」字等。此外，筆畫間多有連筆與游絲者，如「亦」字四點，筆畫相連，狀如鋸齒；「心」上三點，則形似花生；水旁三點，亦連帶而注，此等皆可明乎筆者使筆之峻切暢快。

結體尚稱規整，惟對比險勁處，常震人心目。如篇中諸「昧」字、「大」字、「人」字等，粗細輕重，對比強烈。諸「亦」字，較諸他字，則自形矮短。諸「三」字、「生」字、「量」字，重筆咸聚東壁。此等皆規整中之奇險變化者也。

章法依烏絲欄而陳，齊整井然，乃是寫經本色。惟卷末題記，行書識寫，字之大小疏密、行之正斜寬窄、墨之濃淡枯濕，皆極具變化而自然。蓋亦是反映僧照情態之一貌者耳。

俗字則有：「陀」作「陁」，「剛」作「㓻」，「量」作「量」，「槃」作「縏」，「尼」作「𡰥」等。

近時書蹟有：鄭長猷造像記（五〇一）、孫秋生造像記（五〇二）、高樹解伯都造像記（五〇二）、梁太祖文皇帝神道石柱題字（五〇二）、比丘尼曇媚造像記（五〇三）、勝鬘義記（五〇四）等。此卷雖是墨蹟，然與北朝造像碑記等，卻有同風之處。方整峻麗，放獷健勁，殆時風之所共同者矣。

一一、大般涅槃經卷第十一　南朝　梁武帝　天監五年（五〇六）

大般涅槃經卷第十一，由卷末跋云：

天監五年七月廿五日，佛弟子譙良顒，奉為　亡父於荊州竹林寺，敬造大般涅槃經一部，願七世含識，速登法王无畏之地，比丘僧倫覿弘亮二人為營。

可知乃譙良顒為亡父所敬造。書於南朝、梁武帝、天監五年（五〇六）。前二卷：佛說歡普賢經卷（圖編八）與大方等大集經（圖編九），皆書於南朝、齊武帝、永明年間，此則書於南朝、梁武帝、天監五年，相距十五、二十五年。全卷長六九三・四二公分，為北涼曇無讖所出本。此卷乃荊州竹林寺寫經，而流傳于敦煌者也。今存者為卷第十一章六七兩品。翟理斯引Clappeston氏論此卷紙質云：

薄而韌，似鈔票用紙，色淡褐，兩面皆極平滑、透明，紋甚密，約每二・六釐米二十四或二十六條，且甚勻淨，似為細草或細竹條所製者。（註二五）

是卷今藏倫敦、大英博物館，S.〇〇八一號。

此卷書法，極為端謹秀麗，工整精遒。運筆細膩，而筆勢蘊藉，清俊溫雅，深具士大夫儒雅之風，可許南朝寫經之冠冕！

如圖編一二：筆畫粗細均勻，用筆精練。橫畫猶依循傳統前尖後圓，然楷書起筆下壓，末筆頓收之「首按尾頓」，亦甚明顯，如諸「不」字首筆者是。波磔之表現，極為含蓄，鋒末緊斂不出，中途或多止筆，與後世之「金刀勢」（註二六）稜角者，迥異其趣。其斂蓄之甚者，幾似一長點，如六行「之」字、七行「令」字、八行「散」字、次圖諸「故」字等，自有逸韻。點筆之運使，亦甚得其妙致，如諸「不」字、「次」字、「復」字、「於」字等，多能豐潤天成，神氣飽滿。尤以六行末尾「於」字，其「帶下點」二筆（註二七），至有飛動天趣。而「復」字左旁，以「流水勢」表之（註二八），特能體現本篇靜中求動，整中求變之靈巧機敏；「亦」下四點，「一起二帶三聯四應」（註二九），亦是其例也。「戈」法之表出，甚為精熟強勁，如首行「餓」字、四行「戒」字、題記中「識」字等，咸極具箭拔弩張態勢。鈎趯之法，可令吾輩駭目，如首行「聞」字、三行「動」字、七行「樹」、「有」二字、末行「訶」字、次圖首行「有」、「聞」二字等，若與柳書鈎法對觀，則可讚歎其神妙也矣！

間架結構之安排營運，一如用筆般之細膩精到，無或懈慢。其方正規矩，「排叠」勻稱，布白得宜等，並未遜隋唐眞楷。且復曉變化生動，不流板滯。如首行「支」字、七行「場」字之「增減」筆畫；次圖首行「財」字之以點代撇；題記中「讌」、「龔」二字之「穿插挪讓」等，皆其變通之法式也。

章法直行橫列，排峙齊整，雖是卷末題辭，亦無違斯軌，遂使全幅，氣勢一貫，風格一統。加以筆畫細勁，字行布白寬綽，乃覺疏朗秀潔，清風敷暢。寫經書作，其章法、體勢與風格，有如此謹密、和諧、清雅者，殆當以此爲最。斯卷之精善佳妙，稱奇稱最，蓋非偶然！

本卷俗字，有：「退」作「𨑐」，「散」作「㪔」，「逆」作「逆」，「惱」作「惚」，「陰」作「隂」，「荊」作「荆」，「龔」作「龏」等。

元詳墓誌與元勰墓誌，皆刻於北魏、宣武帝、永平元年（五〇八），後此卷二年。元詳墓誌書法秀麗，元勰墓誌則工緻挺秀，惟皆不脫北碑「鋪鋒」而書之習，與本卷之「裹鋒」筆觸者有異，然秀勁挺麗，則其所同。

本篇若與前二卷南朝寫經：佛說歡普賢經卷及大方等大集經相較，則普賢經筆力輕重較顯，筆勢峻折而顯外拓；本卷則筆力輕重較勻，筆勢圓勁而顯內擫。二者書風雖異，然俱工整端謹之上作，堪稱南朝寫卷之「雙駿」！識者可深察之。大方等大集經，波勢伸揚，運筆結體較爲自然隨和；本卷則波勢謹斂，運筆結體較爲精巧細緻。二者各有擅長。惟綜觀各方而論，本卷當在大集經之上云。

一三、成實論卷第十四　北朝　北魏宣武帝　永平四年（五一一）

此成實論卷第十四，硬黃紙，卷長八五三·四四公分，今存第十四章。後跋云：

經生曹法壽所寫　用帋廿五張

永平四年，歲次辛卯，七月廿五日，燉煌鎮官經生曹法壽所寫論成訖。

典經師令狐崇哲　校經道人惠顯

知爲經生曹法壽於北朝、北魏宣武帝、永平四年（五一一）所寫。卷末「典經師」與「校經道人」二稱，至可玩味矚意。非僧人而稱典經師，僧而曰道人，此于寫卷爲初見。卷今藏倫敦、大英博物館，S.一四二七號。

是卷書風頗爲特異，主以欹斜側姿取勢，迭宕諸態，自樹新貌。

如圖編一三：筆畫大抵瘦勁斜曲，運筆多帶行意，絲牽屢見，知其走筆頗爲速捷暢快。橫畫率多輕細，然落筆下按之迹可辨，較重者已成「釘頭」筆勢，如三行「不」、「若」、「說」三字，五行「者」、「可」二字，六行「說」字等，即是也。「釘頭」後世多以爲「病筆」，然置諸此時此篇而觀，蓋亦其書之一貌也，焉能「病筆」目之。直畫輒較爲粗重，卷末題字，竟有著力至如劍鋒墜下之勢者，如「平」、「年」、「辛」三字之中豎，險峻氣象，崢嶸兀出，汲人睛光，幾欲喧賓而奪主矣。波磔多輕筆按出，狀如柳葉，與傳統之「金刀」稜勢，迥異趣韻，可稱本篇特色之一。鉤趯之法，亦自標體勢，如二行「等」、「得」、「事」三字，三行「求」、「身」二字，五行「身」、「而」、「得」、「解」諸字，八行「縛」、「解」二字等，率托毫圓轉而上，形似魚鉤，此法運用至爲普遍，觸目皆是，亦本篇重要特色之一。後世米芾之趯法，即有類於此。另一要色，乃「擲月鈎」法（註三○）之特創，「擲月鈎」之常法，乃右彎而上趯，此則先左斜弧下，而後頓折一銳角，繼之「外掠」（註三一）而上，筆勢近類隸法，然又曲折過之，至爲詰詘怪險。如諸「說」字、「脫」字、「无」

字等是。

字體結構，突破傳統楷書「平正」本色，而以斜向右上方十至三十度之間，取得態勢。惟字勢雖傾，卻能不倒，以尚能攝持力學重心之故耳。字體外形，長短方圓，率無定式，且多傾斜，然亦有「平正」者，如六行「中」字，八行「縛」、「心」二字等，惟屬麟鳳稀星。要言之，字間布白，自成均協，結體輒取奇倔欹斜，加以筆畫細勁多奇，遂有幻境姝女，婀娜搖曳之感。

于此多奇譎變之寫卷中，尚能見其章法縱行橫列，整齊而陳；行間均適寬綽，而疏朗秀韻，不由令人訝然咋舌。又見末尾題跋，字多平正而粗重，與正文異調，對比而峙，亦足叫爲奇觀。

俗字仍有之，如：「惱」作「惚」，「因」作「囙」，「喜」作「𠲷」，「脫」作「脱」，「曹」作「曺」，「寫」作「冩」，「訖」作「訖」，「師」作「帥」等。

近時書蹟有：石門銘（五〇九）、大智度經卷第三十（五一〇）、南石窟寺碑（五一〇）、鄭羲下碑（五一一）、登雲峯山論經書詩（五一一）等。諸書皆較之本卷爲「端正渾樸」，惟石門銘之「飛逸奇渾，分行疏宕，翩翩欲仙」、「若瑤島散仙，驂鸞跨鶴。」（註三二）與本篇和韻者多。

一四、誠實論卷第八　北朝　北魏宣武帝　延昌三年（五一四）

本卷與前篇者同，俱是誠（成）實論卷，且書於敦煌，並有「典經師」、「校經道人」之題署。

誠實論，中天竺之訶梨跋摩原著。姚秦弘始十四年（四一二）九月十五日，由鳩摩羅什從原書直接口述翻譯，譯成後，曾命僧叡講述此書。是卷誠實論卷第八，寫於北朝、北魏宣武帝、延昌三年（五一四），起「不相應行品第九十四」末節，至「三業品第一百」。卷末題跋云：

延昌三年，歲次甲午，六月十四日，燉煌鎮經生師令狐崇哲，於法海寺寫此論成訖竟。

用帋廿六張　　校經道人

卷縱二六．五公分。饒氏曾手撫目睹此卷云：「紙張呈茶色，柔軟強勁，墨色深黑，精彩地耀眼奪目。」（註三三）今藏法國，巴黎，國立圖書館，P.二一七九號。

此卷書法，運筆豪放縱橫，氣勢雄獷灑落，北方雄強奔放之大野情懷，表現至爲淋漓。如圖編一四：筆毫之起收，率以氣使，點畫磔趯，皆是勁驥，生命活力，四處洋溢。觀其筆畫之運使，粗細輕重，變化頗大。橫、掠之筆，多較細勁；豎、鈎、捺等，則較爲粗豪。橫勒依存前風：前尖後頓，且落筆多成「釘頭」，全形則近似「球棒」（註三四）。「球棒」近人亦目爲「病筆」，然置諸本卷而觀，卻成特色。如諸「業」字、「善」字、「等」字、「是」字、「生」字、「爲」字、「與」字等，皆其例也。尤以諸「是」字，橫畫刻意延長，落筆尖細，有如麥穎，粗細之間，對比頗強，甚具藝術感染力。撇掠之筆，率亦細勁而速捷，如：二行「名」字、五行「若」、「者」二字，及諸「无」字等即是。而諸「女」旁之弧撇，曲度極美，速度極快，圓勁有力，表現至佳，堪予稱許。磔波之表出，筆毫大抵著力重按，故多肥筆，而鋪鋒右捺時，使力蹟象益爲明顯，如諸「令」字、「人」字、「答」字、「是」字等。筋節常露，顏書「蠶頭雁尾」波勢，或已雛啓。形體雖非美善，惟亦屬特色要筆。

鈎趯折轉之勢，亦乃本卷要色之一，尤以「掬月」彎鈎者，特爲桀奇。本篇之趯法，主乃轉折時，用力駐重，趯鋒時，率性迅出，故折轉多頓重，而鋒鋩多迤長。筆勢之輕、重、緩、急、圓、澀、行、止，咸萃一體，並融一毫，如諸「等」字、「爲」字、「與」字、「得」字、「問」字等即是也。是以能標新超絕，而氣象宏濶。而「掬月」彎鈎者，尤于彎後上趯時，特注氣力，旋即彈鋒上出，故至顯粗豪噴薄，如諸「无」字、「記」字、「洗」字、「死」字、「先」字等是。至夫「他」、「也」、「施」諸字，益是橫彎之時，即按筆貫力，筆勢之粗厚，堪稱篇中之最，惟略嫌癡肥云耳。

結體縱橫奇倔，態勢繁茂，粗細排疊，層出屢現，方圓正斜，因勢自立，何云「結構」？何爲「軌矩」？但書吾胸臆而已也！結字雖難以法定，惟「呼應」、「對比」、「布白」、「接筆」等，尚能得趣，且不離散方塊，荒誕不識。如「亦」字之呼應順適；「爲」字之布白有節；「令」字之對比生趣；「與」字之接筆強固等，皆其可道者也。

本卷之筆法、結構，雖云變化多端，情態多貌，然章法則異乎是。其直行橫列，尚能齊對，分行布白，頗能停匀，雖或上或下，或左或右，亦是生氣之現，動感之源，遂使全篇氣脈銜聯，風神峻拔。其元氣淋漓，與精神之暢旺，可許北朝寫卷之冠。

俗字者有：「妻」作「妻」，「灸」作「条」，「逆」作「逆」，「殺」作「敘」，「答」作「荅」，「醫」作「醫」，「離」作「離」等，弗一一具列。

本卷尾題與前卷：成實論卷第十四，同有令狐崇哲署名。令狐崇哲，據饒氏所云，乃：「北魏時，敦煌鎭職業典經師」（註三五），經其署名者，尙有數卷：

1. 永平四年辛卯（五一一）成實論卷第十四　S.一四二七　題記云：

「經生曹法壽所寫，用帋廿五張，永平四年，歲次辛卯，七月廿五日，燉煌鎭官經生曹法壽所寫論成訖。典經師令狐崇哲，校經道人惠顯。」

2. 延昌元年壬辰（五一二）誠實論卷經第十四　S.一五四七　題記云：

「用紙廿八張，延昌元年，歲次壬辰，八月五日，燉煌鎭官經生劉廣周所寫論成訖。典經師令狐崇哲，校經道人洪儁。」

3. 延昌二年癸巳（五一三）大樓炭經卷第七　S.〇三四一　題記云：

「延昌二年，歲次癸巳，六月□□日，燉煌鎭經生張顯昌所寫經成訖。用帋廿。典經師令狐崇哲。校經道人。」

4. 延昌二年癸巳（五一三）華嚴經卷第卌七　日本、大谷大學　題記云：

「延昌二年，歲次癸巳，七月十八日，燉煌鎭經生張顯昌所寫經成訖竟。用帋廿二。典經師令狐崇哲。校經道人。」

5. 延昌二年水巳（五一三）華嚴經卷第十六　S.二〇六七　題記云：

「延昌二年，歲次水巳，七月十九日，燉煌鎭經生令狐禮太寫此經成訖。用帋廿四張。校經道人。典經師令狐崇哲。」

6. 延昌二年癸巳（五一三） 華嚴經卷第卅五 P.二一一〇 題記云：

「□□二年，歲次癸巳，六月廿三日，燉煌鎭經生師令狐崇哲所寫經成訖竟。用帋廿一張。校經道人。」

7. 延昌二年癸巳（五一三） 大智度論卷第八 日本題記云：

「延昌二年，歲次癸巳，七月廿八日，燉煌鎭官經生張乾護所寫訖竟。用帋十九張。典經師令狐崇哲。校經道人。」

8. 延昌三年甲午（五一四） 大方等陁羅尼經卷第一 S.六七二七 題記云：

「延昌三年，歲次甲午，四月十二日，敦煌鎭經生張阿勝所寫成竟。用帋廿一張。校經道人。典經師令狐崇哲。」

9. 延昌三年甲午（五一四） 大品經卷第八 日本、守屋孝藏氏藏 題記云：

「延昌三年，歲次甲午，七月廿二日，敦煌鎭經生曹法壽所寫經成訖。校經道人。典經師令狐崇哲。」

以上諸卷，皆令狐崇哲署名（註三六）。各卷之書法，皆自有特色，可並觀參覽。饒氏已有簡評，可參其敦煌書法叢刊第二〇卷寫經（一），解說部份，茲弗復引。

一五、出家人受菩薩戒法卷第一　南朝　梁武帝　天監十八年（五一九）

本卷出家人受菩薩戒法卷第一，末尾題記云：

大梁天監十八年，歲次己亥，夏五月　勑寫

用帋廿三枚　戴萌桐書　睪佘之讀　瓦官寺釋慧明奉持

知由戴萌桐書於南朝、梁武帝、天監十八年（五一九）。南朝、梁武帝，提倡佛教至力，曾於天監十八年（五一九）己亥四月八日，發弘誓心，從草堂寺僧慧約（四五二—五三五）受菩薩戒。（註三七）本卷之書寫緣起，饒氏以爲：「時間正是武帝受戒後十餘日，應當是奉武帝勅命所寫。」（註三八）說證推論，當爲可信。是卷僅存卷第一，凡分：序一、方便二、請戒三、羯磨四、受攝大威儀戒法五、供養三寶戒六、攝善法戒七、攝衆生戒八、略說罪相九等九節。今存法國、巴黎國立圖書館，P.二一九六號。

書法之用筆、結構，雖非精謹工整，然亦渾穆雍容，意態沈穌，洗卻南朝流美習風，獨樹一格。如圖編一五：筆畫尚稱均和，鋒勢較爲內隱，行筆自然隨和，不飾雕琢。橫畫已去傳統「前尖後重」寫法，而更以「首尾按頓，中間提行」之筆，爲一大創舉。長度頗長，漸居主筆，有橫向發展之趨勢，鋒末收筆，多頓成圓狀，而感蓄潤圓渾。點側筆觸，亦多豐圓欲滴，自然天成，如四行「心」字、五行「正」字、次圖五行「戒」字、諸「酒」字等是。轉折處用筆常下按，故骨節圭角多露，嶙峋有致。磔捺之表現，有著與前不同之處，即筆勢多帶曲折，如二行「人」字、五行「反」字、末行「起」字、次圖：三行「是」字、五行「隨」字、六行「還」字等，頗感高古渾樸，遒穆蒼勁，已開褚字曲意機先。「戈鉤」則微具歐書形意，如諸「戒」字即是，可細玩之。本卷另一特色，乃出現雙行小字，惟因筆畫細小，難於表現筆法，然其質樸率眞，亦是可愛。

結體不以工整細緻取勝，而以平實自然見長，故無流美姸麗之態，而具隨和閒適之風。結字尚稱任情多貌，而各有風致，如諸「妄」字，橫筆特長，猶如跨馬橫槊而望；諸「亦」字，體勢低伏，有如蹲踞待發；諸「起」字，形體斜長，狀似山陵陟昇。體貌多樣而富情韻，可視楷眞流派中之異軍者也。

章法亦不謹嚴，縱有行，橫無列，每行字數，亦復不一，較之其他楷體寫卷，自顯自由與靈活。而其增書之雙行小字，益使全篇覺感新奇而有大小疏密變化，倍添生氣。行間通篇而觀，尚稱均諧適宜。每段句末，以餘白者多，故段落分野清晰，而不相雜廁。卷末題記，其字體與大小疏密之變化，尤其自然明顯。

俗字則有：「受」作「⿱爫天」，「戒」作「⿹弋卄」，「讚」作「讃」，「刺」作「⿰夾刂」，「坐」作「坐」，「寂」作「⿱宀⿰禾尗」，「仙」作「仚」等。

與本卷近時之書蹟，以墓誌銘者居多，如：王誦妻元貴妃墓誌（五一七）、刁遵墓誌（五一七）、元新成妃李氏墓誌（五一七）、崔敬邕墓誌（五一七）、賈思伯碑（五一九）、司馬昞墓誌（五二〇）

等，咸爲北魏孝明帝時所刻勒。書蹟舖毫而書之象猶顯，與本卷之裹鋒中行者，自有本質差異。然北刻之頻添秀麗，與南卷之寖趨渾樸，夫南北書風，蓋有漸趨合流之勢焉。

一六、華嚴經卷第三　北朝　北魏孝明帝　正光三年（五二二）

斯卷華嚴經卷第三，比丘法定寫於北朝、北魏孝明帝、正光三年（五二二）。其題跋云：

夫妙旨無言，故假教以通理，圓體非形，必藉□以表眞。是以亡兄沙門維那慧超，悟射命難恃，識三聖易依，故資竭賄，唯福是務，圖金容於靈刹，寫沖典於竹素。而終功未就，倏遷異世。弟比丘法定，仰瞻遺跡，感慕遂甚。故瑩飾圖刹，廣寫衆經，華嚴、涅槃、法華、維摩、金剛、般若、金光明、勝鬘，冀福鍾亡兄。騰神梵鄉，遊形淨國，體悟无生，早□苦海，普及含靈，齊成正覺。

大魏正光三年，歲次壬寅，四月八日□訖。

文頗有譌別遺棁之字。維那乃寺院之第二住持。三聖通指毘盧舍那佛、文殊菩薩、普賢菩薩。金容即佛陀。題跋前有「用紙廿五七」諸小字，「五」字用點除去，續以「七」字，知確定用紙爲廿七張，然今僅存十張。全卷長三九六．二四公分，色黃，楷書，今藏倫敦、大英博物館，S.二七二四號。

書法細小方峻，清勁凌厲，迥異北風雄強渾厚本色，堪稱北魏棄笛。

如圖編一六：筆畫以瘦勁方切爲主，並多偏鋒取勢。粗細之變化，則橫畫多細，餘筆略粗。觀其點側態勢，有如「筆陣圖」所云：「丶，如高峰墜石，磕磕然實如崩也。」（註三九）如諸「度」字、「莊」字、「昧」字等，體積雖小，嶠銳聚能，力可鳴鐘。橫畫之表現，堪稱本篇首要特色，「釘頭」、「球棒」型式，承前：成實論卷第十四（圖編一三）及誠實論卷第八（圖編一四）之緒，更前推衍，遂成今日風貌，篇中運用，至爲普遍，舉目多是。於夫書學史中，誠能獨樹面目，難尋更甚之例。惟衡心而論，此筆當未可云佳善，但法勢之一端，可特立風格者耳。直努筆勢多重，偏鋒落筆，銳角屢現，因能神清骨秀，獨立昂時，如諸「佛」字、「法」字、「世」字、四行「出」字等，即是也。

鉤趯筆法，亦稱奇特。以豎鉤之例，筆直努下後，毫端旋即橫向左趯，幾近直角，且虛芒不出，如四行「号」字，五行「淨」、「來」、「子」三字，六行「得」、「門」、「持」、「轉」四字等，直折突兀中，又有含勢。波磔益是與衆不同，筆鋒斜行初始，旋即捺筆鋪毫，且鋪勢頗長，如首行「養」、「大」、「道」三字，及諸「來」字，「界」字，「嚴」字等，鋒刄幾奪刀身之席矣。

結構尙稱均整有法，字體雖較小，但奇倔凌厲，風骨健硬。字之有橫畫者，率延長誇飾，故橫筆大多左伸，遂顯字之重心右移，如諸「切」字，「嚴」字，三行「功」、「五」、「十」三字，末行「普」、「童」、「即」三字等，即是其例。餘字尙稱自適其態，自有其趣。

布白無論字間或行間，皆至爲寬博疏朗，乃本卷章法特色。加以用筆俊細，遂覺時有清風朗氣，流游其間，予人以清新之感。然卷尾題跋，則異乎是，行書使筆，字體較大，字間甚密，游絲牽連，鋒芒呈露，使人感官意象，爲之劇轉。是又其「對比」、「變化」之處也。此亦可知寫者謹肆情態之異焉。

俗字者有：「莊」作「庄」，「嚴」作「嚴」，「刹」作「刹」，「壽」作「壽」，「勇」作「勇」，「離」作「離」，「圖」作「啚」，「靈」作「霝」等。

近時書蹟頗多，不乏名作。如：司馬昞墓誌（五二〇）、世宗夫人司馬顯姿墓誌（五二一）、馮邕妻元氏墓誌（五二二）、張猛龍碑（五二二）、馬鳴寺根法師碑（五二三）、高貞碑（五二三）、元祐妃常季繁墓誌（五二三）、律序（五二三）等。諸作皆較本卷爲粗豪，然用筆之方峻，則其所同。南卷律序卷第上，若與本卷並觀，則可赫然發現：南方之「釘頭」、「球棒」筆法，竟與北同！且按頓益爲顯著。由此可知，南北書風別異，殆漸泯除，而其合流之勢，已自暗潮洶湧！

一七、大智第二十六品釋論　北朝　北魏節閔帝　普泰二年（五三二）

大智度論爲龍樹菩薩著，姚秦時鳩摩羅什漢譯，弘始四年（四〇二）至七年（四〇五）間出，凡一百卷。今收入大正大藏經中。本卷大智第二十六品釋論，東陽王元榮所敬造，書於北朝、北魏節閔帝、普泰二年（五三二），惜無書人名氏。題記載述寫造緣起及經卷頗詳，引列如左：

大代普泰二年，歲次壬子，三月乙丑朔，廿五日己丑，弟子使持節散騎常侍都督領諸軍事車騎大將軍開國儀同三司瓜州刺史東陽王元榮，惟天地妖荒，王路否塞，君臣失禮，於慈多載，天子中興，是以遣息叔和，詣闕修□，弟子年老疹患，冀望叔和，早得還迴。敬造无量壽經一百部：卅卷爲毗沙門天王，卅部爲帝釋天王，卅部爲梵釋天王。造摩訶衍一百卷：卅卷爲毗沙門天王，卅卷爲帝釋天王，卅卷爲梵釋天王。內律一部五十卷：一分爲毗沙門天王，一分爲帝釋天王，一分爲梵釋天王。賢愚一部，爲毗沙門天王。觀佛三昧一部，爲帝釋天王。大雲一部，爲梵釋天王。願天王等，早成佛道。又願元祚无窮，帝嗣不絕，四方付化，惡賊退散，國豐民安，善願從心，含生有識，咸同斯願。

書法圓轉虬潤，鋒鋩斂隱，圭角琢盡，純以圓筆藏鋒而書，一反北朝方峻雄強本色，頗振人神目，楷書體，卷子今藏法國、巴黎國立圖書館，P.二一四三號。

如圖編一七：筆法圓柔潤轉，有如暗潮深流，看似庸柔，實則渾勁洶湧。觀其筆畫，粗細變化雖大，卻感調和，橫畫較細，餘筆多粗。本卷橫勒用筆，又見前期「首尖尾頓」之勢，故覺其古樸腴潤，而楷書「兩端按頓，中間提行」之法，依仍沿存，可謂新舊並融，陶鈞偕用。特可注意者，乃橫筆末端「回鋒」現象，本篇有明顯表出，如次圖三行「一」字即是，回鋒顯著，狀如鈎具，於夫運筆之使轉與演變，有著重要地位。可稱北流異韻。

波磔之法，堪稱本書第一特色，筆勢非但斫去鋩角，化方爲圓，且走勢直向東南；毫毛舖展後，不作橫向捺收，而逕朝右下，順勢離筆，遂使鋒刀墜垂，狀似「狐尾」，如諸「發」字、「般」字、「波」字、「蜜」字、「天」字、「人」字、「又」字等，景況特異，殆絕無僅有。而其收筆蓄潤之甚者，竟不見鋒刄，直若滴露，如四行「遠」字、八行「是」字，九行「故」字等是，與前篇書於南朝、梁武帝、天監五年（五〇六）之大般涅槃經卷第十一（圖編一二），有極酷似之筆觸，鑑者審之。

本卷另一運筆特色，即「擲月鈎」特爲圓轉彎曲，且形體面積甚大，有類篆書之「ㄙ」字，是知本卷書者，實又隱用篆法也，無怪特爲圓渾古樸，如諸「无」字、「說」字、「況」字、「九」字等是。另一可言者，乃「曲尺勢」—「𠃌」（註四〇）之轉折法：折時按筆舖毫而下，筆粗且長，並鮮與他筆接連，多自獨立，如諸「日」字、「則」字、「旨」字、「相」字、「皆」字等是。此勢墓誌銘中率亦有之，俱影響及於隋唐後世。

結體非屬端謹者流，以隨情興而爲，故體勢迭盪多態，方圓正斜，率皆有之。而就中，當以「斜菱形」者，最具特色，如三行「近」字、四行「遠」字、五行「適」字、八行「妖」字等，此蓋因捺筆斜迤東南有以致之也。其它間架之安排、設計，亦皆自然而奇逸。

此卷筆畫、結體雖多任情百態，然直行橫列，差稱齊整，尚循矩度。字間雖疏密錯落，然行間依烏絲而列，尚能均等。故本篇章法，尚是齊整之屬。惟卷末題記，行筆書寫，鋩鍛屢見，結體隨浮，幾近無雜，迥異正文風致，雖非佳蹟，以載記寫經緣起頗詳，故極富史料價值。

俗體異字者，仍不乏其例。如：「夜」作「𡖍」，「叉」作「㕚」，「隱」作「隠」，「辭」作「辞」，「適」作「適」，「趣」作「趣」，「諂」作「謟」，「辯」作「辯」，「斷」作「断」，「瓜」作「瓜」，「老」作「先」，「卷」作「弓」等。

與本卷同年寫造之經卷，尚有：

1. 律藏初分卷第十四　日本、中村不折氏藏。
2. 大智度論卷七十　日本、守屋孝藏氏藏。
3. 維摩疏卷第十一　上海博物館藏，編爲八九二六號。
4. 摩訶衍經卷第一　北平圖書館藏，編爲北七三〇八號（菜五〇）。

等（註四一）。若將諸卷並觀排比，不難知其筆勢與書風之異同，亦可明東陽王元榮所敬造寫經之事功，於夫書法、歷史、宗教等，咸具深義。

一八、律藏初分卷第十四　北朝　北魏節閔帝　普泰二年（五三二）

此卷律藏初分卷第十四，與上卷同爲東陽王元榮所敬造供養，亦書於北朝、北魏節閔帝、普泰二年（五三二）。末尾題記，大抵與前篇相同，然仍有不少異文，玆迻錄於左，以備參校焉：

大代普泰二年，歲次壬子，三月乙丑朔，廿五日己丑，弟子使持節散騎常侍都督嶺西諸軍事車騎大將軍開府儀同三司瓜州刺史東陽王元榮，惟天地妖荒，王路否塞，君臣失禮，於滋多載。天子中興，是得遣息叔和，早得迴還，敬造无量壽經一百部：四十部爲毗沙門天王，卌部爲帝釋天王，卌部爲梵釋天王。造摩訶衍一部百弓：卌弓爲毗沙門天王，卌弓爲帝釋天王，卌弓爲梵釋天王。內律五十五弓：一分爲毗沙門天王，一分爲帝釋天王。一分爲梵釋天王。造賢愚一部，爲毗沙門天王。觀佛三昧一部，爲帝釋天王。大雲一部，爲梵釋天王。願天王等，早成佛道。有願元祚无窮，帝嗣不絕，四方附化，惡賊退散，國豐民安，善願從心，含生有識之類，

減同斯願。

楷書體，卷子今藏日本、東京、書道博物館。

是卷書法細勁清秀，筆觸頗覺細膩。雖多出鋒使筆，卻不乏圓轉蘊藉，較之前卷，自顯清勁細巧，端謹方俊。

如圖編一八：觀其筆畫，率以毫尖運使，故細勁若鋼絲，而筆勢多曲，乃感力度十足。轉折處大抵下按著力，故多顯粗重，餘筆則多提行，遂覺輕細。橫畫之筆，多用楷體「首尾按頓，中間提行」之法，且常作彎勢，已漸啓褚書曲意，如諸「者」字、「若」字、「无」字等，堪值留意。惟起筆之「釘頭」，仍時或見之。撇掠體勢，有括目之處，其曲度與力度，表現均甚佳美，如諸「不」字、「者」字、「若」字等是。

趯鉤之法，可稱本篇特色，如篇中「掬月鈎」勢者，細勁而且幅度面積大，至末梢折毫，急鋪趯上，鋒短而寬，有「一髮千鈞」之勢，如諸「犯」字、「无」字、首行「他」字、二行「已」字、三行「乱」字等，屢見不鮮。而「爲」字「屈脚」（註四二）、「病」字折鈎等，亦皆自然圓轉，遒勁秀美，甚是可喜。波磔初始之細行，尾末之鋪毫，捺勢折按明顯，而粗細對比強烈，已有褚、薛、徽宗一脈韻勢，如首行「是」字，尾題「分」、「卷」二字，題記「大」字等。尤以題記「大」字，顯

有「瘦金」筆勢，其前導先聲地位，弗可忽視。

結字較前篇爲端謹用心，布白寬綽，間架得宜。尤以「挑挽」之法，運用至爲出色，如諸「掬月鈎」者即是，而「戒」字「戈」法，亦能得勢。「補空」之法者，如「戒」字、「乱」字；「呼應」之法者，如「心」字、「藏」字等，咸自應照合宜。而諸「爲」字、「犯」字、「者」字、「无」字等，雖屢重出，然體貌如一，知書者於夫用筆與結構之嫻熟，已達自得境界，洵可讚譽。

章法亦是齊整有制，直行橫列，各能對應。布白疏朗，體勢貫一。題記隔二行以行草而書，頗能賓主得分，謹肆有別。本篇之行草書題記，實亦本卷之特色，其書法圓轉自然，流暢俊逸，疏密、輕重、方圓等，皆精當自適；乃此期難得一見之行草佳品，深可玩賞。

俗字則有：「制」作「制」，「亂」作「乱」，「纏」作「緾」，「侍」作「待」，「妖」作「妖」等。

近時書蹟有：張玄（黑女）墓誌（五三一）、元文墓誌（五三二）、元徽墓誌（五三二）、程哲碑（五三四）等。諸書皆較本卷爲方正端整，渾樸靜穆；然細勁清秀，態勢纖阿，則不及也。雖皆北書，風情各異，唯本卷南方流美秀韻者獨多，然要皆各有擅場云爾。

一九、大般涅槃經卷第卅一　北朝　北魏孝武帝　永熙二年（五三三）

本卷大般涅槃經卷第卅一，亦與前二卷者同，俱是東陽王元榮所敬造供養之寫經。卷末題記云：

大代大魏永熙二年七月十五日，清信士使持節散騎常侍開府儀同三司都督嶺西諸軍事驃騎大將軍瓜州刺史東陽王元太榮，敬造涅槃、法華、大雲、賢愚、觀佛三昧、祖持、金光明、維摩、藥師各一部，合一百卷，仰爲比沙門天王，願弟子所患永除，四體休寧，所願如是。

一交竟

知此卷書於北朝、北魏孝武帝、永熙二年（五三三）。題記中元太榮者，即元榮也。卷長四七二・四四公分，顏色淡黃，楷書，今藏倫敦、大英博物館，S.四四一五號。

書法天眞爛漫，情意流順，使筆率逕起直收，自然和暢，樸實婉容。北方之天眞坦率，朗然流露。如圖編一九：觀其筆畫，起收自然，方圓自在，長短粗細，多能得宜，惟其落筆時，毫毛折出，頗爲明顯，且通篇多是，可稱用筆特色。橫畫仍存「首尖尾頓」之傳統表現。而楷法之「首尾按頓」，亦所在多有，其著力之顯者，甚使起筆鋒芒突伸，收筆結露下垂，如諸「一」字者是，頗覺新異。由是亦可見其豪情與率氣。點側之勢，多成滴露狀，如諸「其」字、「不」字、「心」字、「俱」字等，至覺天然潤澤。

掠撇之筆，表現亦佳美，如諸「有」字、「少」字、「不」字、「者」字等，其斜弧曲度，皆甚具力道。鉤趯之表出，多能挺勁遒健，神氣十足，如諸「豎鉤」、「搠月鉤」者是。就中殆或以「戈鉤」之體勢，最爲稱美，如次圖諸「藏」字，極具「百鈞弩發」（註四三）之勢。而四行「成」字、七行「穢」字、次圖首行「戚」字等，其「折芒勢」、「攬柳腰」（註四四），則深具蘭亭與智永之風神，至可留意。波捺壓筆鋪毫後，輒斂鋒不出，勢多蓄潤，與衆筆畫之芒勢，有著明顯「對比」，如諸「人」字、「敵」字、「杖」字、「足」字、「是」字等。方圓、藏露並峙，趣味自生。

結字頗具態勢，非方正之屬。多能隨情適性而營構，自然而具奇趣。如諸「險」字、「軸」字、二行「深」字之「相讓」；首行「涉」字、二行「墮」字、三行「飲」字之「增減」；諸「尋」字、「業」字之「呼應」等，咸能頻添勢韻。

章法縱有行，橫無列，惟行間頗覺寬綽，加以墨彩多淡，遂有清疏朗淨之風。首行「愚」字誤寫，以三點除去，下補「過」字，卻逾出界外；隔行首二字，又誤倒，以乙倒符「之」正之，二錯繼踵發生，於夫章法中，誠是突兀少見。末尾題記，字型細小，行書縝密，行距逐次加寬，頗具「漸層」之美。而其墨色濃淡變化，較前更爲顯著，可知由「大」字至「司」字，爲一蘸，凡二十九字；「都」字至「軍」字，爲二蘸，凡六字；「事」字至「昧」字，爲三蘸，凡三十字；「祖」字至「金」字，爲四蘸，凡三字；「光」字至「門」字，爲五蘸，凡十八字；「天」字至「除」字，爲六蘸，凡九字；「四」字至「是」字，爲七蘸，凡九字；「一交竟」三字，亦一蘸。每蘸所書字數不一，多者可至三十字，少則三字。其因除墨汁自然之物限外，書者每於頂格初始，即重新一蘸，亦是其因也。由本卷末尾題記之墨色濃淡，而可見知書者之蘸墨次數、習慣及所寫字數，此於書學史中，極具重大意義與價值！

俗體字者，有：「涉」作「渉」，「險」作「嶮」，「墮」作「墯」，「坑」作「坈」，「敵」

作「敵」，「糞」作「𡐦」，「糧」作「粮」，「戚」作「傶」等。弗一一例舉。

近時書蹟，已見前卷所列。本卷雖亦不及諸作之端整靜穆，然流順天眞，墨趣可玩，亦足自標旗幟者矣。

二〇、法華經義記第一卷　北朝　西魏文帝　大統二年（五三六）

是卷法華經義記第一卷，書於北朝、西魏文帝、大統二年（五三六）。卷末題記云：

利都法師釋之

比丘曇延許　丙辰歲　用帋卌□

大統二年，歲次丙辰，六月庚仵朔三日水酉，寫此法華儀記一部，願令此福，逮及含生有識之類，齊悟一實无二之理。

背爲勝鬘義記卷下及溫室義記。「仵」即午字，水酉日即癸酉日也。書體爲行草書，今藏法國、巴黎國立圖書館，編爲P.三三〇八號。

書法揮灑暢快，情義飛揚，筆勢動宕，任情起伏，爲北朝難得一見，灑脫飄逸之作。

如圖編二〇：審其筆畫，長短粗細，方圓藏露，咸具姿態，不受拘束。橫畫多較細，且常彎曲，如諸「所」字、「有」字、「此」字、「可」字、「言」字等。最可注意者，乃毫末「回鋒」收筆明顯，如首行「道」字、二行「有」字、三行「衆」字、八行「何」字、次圖：二行「言」、「應」二字，尾題「一」字等。此法乃承前遺緒而來，如前篇：大智第二十六品釋論（圖編一七）中已有此法，本卷尾題「一」字，與大智第二十六品釋論之「一」字，於筆法及體勢，皆極逼肖，深可留意。而本卷於「回鋒」筆法之普遍運用，尤是書史要事。豎筆大抵輒較粗豪，尤以「曲尺勢」轉折後，即努筆下按，筆勢肥厚豐腴，最爲搶眼。如諸「道」字、「明」字、「見」字、「同」字、「有」字等即是。捺磔筆勢，亦時有加重，鋪毫時著力尤多，而屢帶章草筆意，如諸「人」字、三行「起」字、次圖三行「便」字等是。然本卷捺筆，綜言之，要皆率情俊逸，自然而多態。

鈎趯之勢，其體貌尤多，如諸「見」字、「說」字、「也」字、「爲」字等，或以楷式、或以草法、或以行則，筆法多樣，而體勢百態，甚能表現行草多變本色。本卷「接筆」之法（註四五），亦虛實相參，變化無定。如有「日」、「目」、「月」等偏旁者，「虛接」者多，而顯鬆散空疏；而其他「實接」之筆者，則有密合穩固之感。二者虛實離合，皆能各臻其妙。

偏旁之簡省，亦是本卷筆法特色。如諸「道」字，「辶」旁以一縱橫直角「乚」代之；諸「佛」字，「弗」旁以「ム」代之等，其變通簡捷，確是行草本色。

以屬行草書體，結字固難以楷法析之，其多所迭蕩與縱橫牽連，自屬本當。加以北方放獷豪風，其飄灑奔放，益是展露無遺。字體之大小、方圓、正斜、繁簡、疏密等，可謂無所不有，無所不包，極盡變化之能事。惟雖若是，亦非無法存焉，其與他體諸書之脈絡承傳，及共同必遵之法式，尚清晰可見，無有鶩失。篇中草字較少，行字者多，間架安排營構，尚稱合理可識。尚有一事，略可言之者，即首圖五行之「霞」字，極具歐公行書風神，或可玩索。

本卷章法，亦是隨情變化，無有定軌，與楷體寫卷之直行橫列，自不相侔。此卷每行所書字數，約在二十五字左右，較維摩義記（圖編一〇）之三十字爲少，視一般楷書寫卷之十七字者爲多，雖無維摩義記之縝密，卻有楷書寫卷之閑疏。行之首尾，或有逾線而書者，頗見參差韻致。行距則疏密不定，寬窄不一，惟要皆尙稱寬朗。本卷章法，處處顯見其任情、自然與活潑。

俗字者有：「嬰」作「嬰」，「處」作「䖏」，「使」作「使」，「初」作「初」，「惱」作「惚」，「凡」作「凡」，「延」作「延」等。

高盛碑，作於東魏、孝靜帝、天平三年（五三六），與本卷同年，卻不同朝，碑書工整典雅，整齊遒健，與本書之揮灑暢快，流麗勁逸，自是迥別。斯亦可見知北朝書品風格之多貌，與夫可塑性之大。

二、東都發願文　北朝　西魏文帝　大統三年（五三七）

東都發願文，乃南朝、梁武帝向佛陀發誓之文。本卷爲殘卷，起「諸佛所能知見」，至卷終。末尾題記云：

大統三年五月一日，中京廣平王大覺寺，涅槃法師智嚴，供養東都發願文一卷，仰奉明王殿下，在州施化，齊於友稱之世，流潤與姬文同等，十方衆生含生，同於上願。

令狐烋寶書之

知是卷寫於北朝，西魏文帝、大統三年（五三七），即東魏、孝靜帝、天平四年，南朝、梁武帝、大同三年。書者爲令狐烋寶。題記中之「中京」者，蓋即指洛陽。大覺寺，乃廣平王元懷捐出家宅所成立。（註四六）書體屬楷書，惟行意特重。今藏法國、巴黎國立圖書館，P.二一八九號。

書法欹斜展態，神情飛揚，筆力沈厚，體勢宕蕩。加以濃墨渴筆，頻添蒼渾之感。遂使風格嶄新異特，而獨擅一時。

如圖編二一：觀其筆畫，體勢多粗重渾厚，卻又能欹側揚態　舒展情性，寓漫妙於沈雄之中，此洵非易事，可稱超絕。加以筆多圓轉虬樸，遂漫妙之中，又有蒼勁者也。筆力之「圓」、「澀」二要素（註四七），本卷表現至爲得當出色。捺波之勢，堪稱本卷第一特色，起筆尖鋒而下，輕微觸著，旋即重按舖筆，貫注氣力，逮至毫毛與力度飽滿時，又隨即提筆上揚，復以斜傾取勢，卒使波磔渾厚之中，展露揚意，至感生動暢快，胸中情意，牽賴此而得以奔騰。如諸「令」字、「火」字、「人」字、「歡」字、「本」字、「伏」字、「度」字、「終」字、「永」字等，字例甚多。

鉤趯之筆，亦是特色，筆毫鉤轉時，多取圓勢，頗具篆書法意，如諸「搠月鉤」、「心鉤」、「戈鉤」、「中鉤」（註四八）等是，而其字例，則如諸「觀」字、「九」字、「死」字、「心」字、「有」字、「未」字、「或」字、「來」字、「開」字等。而就中「中鉤勢」者，已有「雙折挑」（註四九）之現象產生，如首圖末行「來」字，即至爲明顯，深可注意。撇掠筆勢，至鋒末多轉而上鉤，成「迴鋒撇」勢（註五〇），如二行「羞」、「厭」、「滅」三字，五行「又」、「處」、「若」三字，諸「永」字，「飲」字等，多帶行書筆意，與隸書遺則。此法後世歐、柳筆勢中，亦多有之，可資參研。豎筆多作「懸針」之勢，且有延長之者，如諸「可」字、「衍」字等是，氣勢頗得以舒伸。

本卷結體，不循方整，而以欹側取勢，字體率朝右上傾斜十至三十度之間，與成實論卷第十四（圖編一三）斜度大抵相同。結字特色，在其「挑挩」與「垂曳」之法，運用至爲普遍，如諸字之有捺筆、戈筆者即是。「可」字、「衍」字之「垂」法，於楷書寫經中，誠是少見。而首圖六行二「或」字之「避重」，亦書者用心之處。

以筆畫多粗，字裏行間，遂感密集。傾斜、錯落、茂密，可許本篇之章法特色。直有行，橫無列，諸字任情而坐，每行字數亦復不等，頗爲自由與迭宕。卷末題記，雖感潦草，然神情不變，風格尚能首尾一貫，韻調一致。

俗字者有：「壞」作「壊」、「臭」作「臰」、「爛」作「爤」，「厭」作「猒」，「梵」作「梵」，「攝」作「㩍」，「魚」作「魚」，「強」作「強」，「喜」作「憙」，「仰」作「仰」等，衆不遍擧。

近時書蹟有：高盛碑（五三六）、凝禪寺三級浮圖碑（五三九）等。高盛碑，工整典雅，整齊遒健。凝禪寺三級浮圖碑，清勁精雅，整練勁拔。二者與本卷之遒渾迭宕，情意飛揚者，自有謹肆別異，然書史地位，本卷則弗在二者之下也。

一二、大比丘尼羯磨一卷　北朝　西魏文帝　大統九年（五四三）

此大比丘尼羯磨一卷，乃比丘尼賢玉所供養。卷末題記跋云：

大統九年七月六日已丑朔寫訖，比丘尼賢玉所供養。比丘尼賢玉，起發寫羯磨經一卷，願此功德，普及一切十方世界、六道衆生，心開意解，發大乘意，崇此身命，生生之處，常爲十方六道衆生而爲導首，如三世諸佛及諸菩薩，度諸衆生等无有異，有能讀誦奉行此律者，亦復如是，大聖玄心，使崇此願，必得成就，果成佛道，三惡衆，應時解脫。

知是卷寫於北朝、西魏文帝、大統九年（五四三）。卷長六四〇・〇八公分，顏色淡黃，楷書體，今藏倫敦、大英博物館，S.〇七三六號。

書法溫雅敦和，潤秀朗實，用筆溫潤，間架平實。雖書于北朝，卻無峻厲雄強之色，亦無細勁方俊之風，可稱北國中和之作。

如圖編二二：觀其筆畫，除彎鈎與捺筆稍重之外，餘筆粗細之間，尚稱均勻；起筆收筆，大抵溫潤含蓄，芒鍛不出，直予人平和之感。橫畫尙稱勻潤，惟有時收筆回鋒之勢明顯，而成一鈎鋒者，如次圖二行及四行之「一」字即是，此亦是前篇：大智第二十六品釋論（圖編一七）、法華經義記第一卷（圖編二〇）、及東都發願文（圖編二一）等以來之傳統筆風。豎筆「懸針」與「垂露」並用，尙知通變，不流板滯。如諸「半」字、「那」字、「僧」字、「行」字、「德」字、「干」字等是。

波磔除筆勢較粗而外，且多橫向延伸，頗有振翅欲飛之感。如諸「今」字、「大」字、「摩」字等是，隸分遺意甚濃。鈎趯筆勢，亦多按筆而勢粗，橫向之曳尾挑拕，極具特色，非但形體橫展，且多「外掠法」筆勢，如諸「乞」字、「巳」字、「竟」字等，除具分書隸意外，尚可與前卷：成實論卷第十四（圖編一三）中之「外掠」筆勢相較，當可見知二者之異同與關係。

結字較前面諸篇爲端整有法，惟此篇字體有橫向發展趨勢，而多成扁形，加以波磔鈎趯之橫展外揚，遂有濃厚之隸分法意，而顯典雅秀朗，特出時風。除趨扁之外，體勢亦略帶欹斜，而有搖曳之感。此又敦和中之動態揚情者也。

章法之最大特色，當是夾帶雙行小字，而覺大小、長短、疏密等，皆變化有致。雙行小字，前卷圖編一五：出家人受菩薩戒法卷第一，已有之，此卷復出，雖不覺新奇，然字體較彼爲端謹，且排列亦多整齊，此其不同處也。末尾題跋，字小而行距寬博，與本文之字大而行距較狹者，成一明顯對比，章法賓主可分，疏密有致。

俗字者有：「乞」作「乞」，「那」作「那」，「埵」作「埵」，「德」作「徳」，「聽」作「聴」，「殘」作「残」，「導」作「導」，「就」作「就」，「惡」作「悪」等。

近時書蹟有：敬史君顯儁碑（五四〇）、李仲璇修孔子廟碑（五四一）、高歸彥造像記（五四三）等。敬史君顯儁碑，古意精勁，圓勁遒厚。李仲璇修孔子廟碑，書法圓靜。高歸彥造像記，馨逸綺麗，寬博圓秀。本卷則溫雅敦和，圓潤秀朗。諸作書風，率帶圓勢，此其所同；墨蹟傳眞，則又本篇之超詣者也。

一三、法華經文外義一卷　北朝　西魏文帝　大統十一年（五四五）

法華經即妙法蓮華經，亦稱妙法華經，爲後秦（三八四—四一七）鳩摩羅什所譯，乃佛教中重要經典之一。此卷法華經文外義一卷，爲大藏經所失載，撰者何人，尚待考證。起「大義復云」、「燒後如一」，至卷終。末有題記云：

大統十一年，歲次乙丑，九月廿一日，比丘惠襲於法海寺寫訖，流通末代不絕也。一校竟

知是卷於北朝、西魏文帝、大統十一年（五四五）由比丘惠襲於法海寺寫訖。法海寺，乃當時敦煌鎮名刹之一。于此寺所寫之經卷，尚有北朝、北魏宣武帝、延昌三年（五一四）之誠實論卷第八（圖編一四），早此卷三十一年。本卷縱二六・七公分，橫一五六〇公分，麻紙，烏絲欄，三十接，共一千零二十行，行三十字上下不等，行草書體，今藏上海博物館，編爲三三一七號。（註五一）

書法細勁俊秀，圓轉流麗，樸淳之中，時見文彬雅氣，爲北朝書蹟中，難得一見之行草精品。如圖編二三：筆觸頗爲細膩精到，起收、轉折、牽連等，多愼心運使，注意呼應。字雖個個獨立，卻能以氣韻相銜，而使上下一貫，左右相生。觀其筆畫，粗細、長短、輕重、方圓等，率能極盡佳妙，而得其生趣活潑。點側之筆，于夫本篇，可謂最具畫龍點睛與動態之妙者也，或獨立飛離，不傍橫豎，

如諸「之」字、「寸」字、「ゐ」字等；或居字中而具填實之美者，如諸「ろ」字、「忑」字等；或左右對峙而應者，如諸「禾」字、五行「尔」字、次圖：二行「小」字、六行「未」字等。或出鋒，或藏鋒，或動露，或靜隱，皆能各臻其妙。而諸「不」字之點，則豐潤可愛。

捺波之勢，則又筆畫中之穩重厚實者也，筆勢多粗，且邐迤慢行，延筆頗長，至末始收鋒留刄而出，甚感端謹穩實，雅麗姣好，如諸「起」字、「又」字、「赴」字、「是」字等是。此已逐開後世楷書捺筆典型，深可留意。豎畫至筆末時，有加粗現象，如諸「則」字、「別」字，最爲明顯，已具褚書直豎形貌，亦其可矚意者也。橫筆大抵較爲細勁，長短則變化無定，收筆時，常多頓按與回鋒，故動靜迭現，如諸「一」字、「何」字、「所」字、「三」字等是。「戈鈎」之勢，多筆直右下，鮮有彎曲，如諸「感」字、「成」字、「或」字等，此又圓轉中之直勁健挺者也。

因屬行草小字，故結體大抵嬌小婉暢。其運筆之速捷者，逕以草法，一筆完就，一氣呵成，體勢簡鍊；而其綏實者，輒以楷式，一點一筆，端謹而作，體勢緊整。是以本卷結構間架，有著疏簡與緊密之明顯對比，而予人以強烈之藝術感染力。中國早期之行草書中，有如此強烈對比者，殆以此爲最，其書史地位，自是重要。

草書字多圓轉，楷書體多方整，雖是書風迥異，然相間而陳，卻能新生逸趣；加以布白均整，以氣貫之，遂覺清俊整麗之中，時蕩流轉朗暢之風，予人清新脫俗之感。每行約書三十字，可謂至密，然尚能字字獨立，個個有間，且行距寬博舒適，匀整有序，足見書者於夫章法安排之用心，弗在用筆之下也！良可嘉許。

俗字者有：「塵」作「𡏖」，「後」作「㣼」，「念」作「㤰」，「剛」作「𠡠」，「因」作「囙」，「傷」作「傷」，「經」作「経」，「斷」作「断」，「最」作「冣」等。

近時書蹟有：高歸彥造像記（五四三）、元融妃盧貴蘭墓誌（五四六）等。高歸彥造像記，馨逸綺麗，寬博圓秀。元融妃盧貴蘭墓誌，書法峭麗。本卷若與二品相較，則可與前者伯仲，而逾超後者之上。

一四、菩薩瓔珞本業經卷下　北朝　西魏文帝　大統十七年（五五一）

是卷菩薩瓔珞本業經卷下，由卷末題跋云：

大統十七年，歲次辛未，比丘惠襲，仰為七世師僧父母、善惡知識、并及法界含靈，有識衆生，手自敬寫流通，願七世師僧父母，善惡知識，一切含生，齊登妙覺。

知此卷乃由比丘惠襲「手自敬寫流通」，書於北朝、西魏文帝、大統十七年（五五一）。題記中署名「比丘惠襲」，與前卷法華經文外義一卷（圖編二三）所署之「比丘惠襲」者同名，而由其筆觸與書風之酷似而審，此二「比丘惠襲」者，當為同一人。二卷相去六年，前為行草書，後則為楷書，此除可得見惠襲書風之多貌外，亦可觀其書藝之演進，洵可寶貴。卷子今為日本、小川勸之助所藏。

書法端整方正，清勁俊秀，用筆謹細，丰神煥發，筆法精純，間架穩實。堪稱書史妙品！北朝精謹秀麗派之第一，可與南朝、梁武帝、天監五年（五〇六）之大般涅槃經卷第十一（圖編一二），並稱「雙驥」！

觀乎圖編二四，筆法起收折轉，皆細膩精到，法度謹然。特曉尖鋒運使，偏正得宜，看似瘦勁，實則腴潤。筆畫率多橫細直粗。橫畫起筆「釘頭」之傳統時風，仍可復見，末端收筆頓圓之勢，亦猶承存，如首行「一」字、諸「三」字等。此皆可明其習有所本，源有所出者矣。直筆多粗，其著力與鋪毫之勢，輒甚明顯，如諸「千」字、「十」字、二行「師」字、七行「中」字等，鋪毫中鋒懸針而下，氣勢雄健穩實，英挺奕奕，實已開魯公多寶塔碑筆意，識者察之。

波磔本卷表現至爲純熟精鍊，無論「縱波」、「橫波」（註五二），咸爲楷體本色，如諸「敬」字、「各」字、「之」字、「從」字等，皆是筆筆佳妙；前卷法華經文外義一卷，已有論析其波磔，今再觀其正楷捺法，益是精湛超絕，隋唐後世之受影響，即可證其地位之重要，譽之「典型」，實無不可。轉折時，筆勢下按，而骨節呈露，亦是本書特色之一，如諸「百」字、「日」字、「門」字等即是。點側率多豐滿腴潤，如諸「法」字、三行「火」字、六行「嘆」字、次圖：首行「不」字、二行「歡」字等，皆形若露滴，極是自然可愛。此又細膩筆觸中之妙合天趣者也。鈎趯之筆，多較細勁而富彈勢。而尤以「掬月鈎」者爲最，如諸「說」字、「无」字等是，此鈎彎轉時，中間特爲細勁，此筆勢書法術語稱之爲「虛實轉拓勢」或「浮鵝鈎」（註五三），深可細玩。

本卷結字，堪稱精謹端嚴，弗苟且任意，極是用心。由諸「各」字、「爲」字、「如」字、「敬」

字等之重見複出，而猶能神貌如一而觀，其精鍊嚴謹，自是上乘入段，方家者流。雖是精嚴謹鍊，卻又能知變，如首行「伎」字、「宅」字，四行「礼」字等之「增點填實」，頗具點睛之妙（註五四）；諸「佛」字、「而」字之伸脚「撐拄」（註五五）；諸「十」字之長短粗細「對比」等，多能通變生趣，頻添風貌。

章法直有行，橫有列，棋盤而陳，依是巧心經營。卷末經題與跋記，俱空行而書，題記字體略小，其起、結、賓、主等，皆清晰可辨。本卷體製有法，風格一貫，自首迄尾，誠敬是循，無有懈怠，洵可為楷書寫經之表率。

俗字者有：「瓔」作「瓔」，「僧」作「僧」，「從」作「従」，「坐」作「坐」，「號」作「號」，「辛」作「辛」，「善」作「善」，「起」作「赵」等。本卷俗字之數量與異形，似有漸趨減少之迹象。

近時書蹟有：程虔墓誌（五四九）、菩薩處胎經卷第三（五五〇）、崔頠墓誌（五五三）等。三者書法，以菩薩處胎經卷第三較佳，此卷早本篇一年，書於大統十六年，書法質樸暢快，行筆自然豪邁。若與本篇相較，自是豪情過之，而精謹不足。菩薩處胎經卷第三，北風猶存，本篇則南韻染重，倘以諸方評觀，本篇當在彼卷之上矣。

一二五、大般涅槃經卷第十八　北朝　北周武帝　保定元年（五六一）

斯卷大般涅槃經卷第十八，書於北朝、北周武帝、保定元年（五六一），由佛弟子張瓮生所敬寫流通。卷尾題跋云：

保定元年九月十七日，佛弟子張瓮生，爲家內大小，一切衆生，敬寫流通。

卷長八八三·九二公分，金黃色，楷書體，今藏倫敦、大英博物館，S.二〇八二號。

書法圓勁豪暢，氣勢雄渾，用筆質樸粗肥，墨韻十足，北朝書風氣色，一望便知。

如圖編二五：觀其筆畫，率以粗毫足墨爲使，故雄厚圓融，加以行筆頗快，遂覺矯捷健勁，生動活潑。橫畫仍存傳統「釘頭」、「球棒」特色，如諸「一」字者是；且長橫多有傾向右上之勢，如諸「是」字、「變」字、「易」字、「安」字等，角度約在十至二十五度之間。豎努則多「垂露」之法，蓋以圓筆飽醮之故，而顯腴潤含蓄。

波磔之勢，堪稱篇中主筆，其粗厚景狀，殆無有過者，如諸「教」字、「處」字、「永」字、「尒」字、「是」字等，筆毫重壓而走，旋即收筆，不留鋒刄，故捺筆略近「狐尾」之形，爲本篇筆法特色之一。惟過於按筆注墨，遂使肉多於骨，而稍嫌臃腴。鈎趯之筆，亦多圓轉豐潤，血墨充足，然尚稱遒勁，如諸「滅」字、「斷」字、「忍」字、「而」字等是。而就中以「心鈎」之態勢，表現最稱圓俊佳美。另一可言者，乃「亦」字之下四點，首點寫完，後三點旋即連筆快書，一筆完就，形狀近似一橫置之「鷩歎號」，如前三行之「亦」字即是，體勢頗覺特異。

本卷結體間架，多自有態勢，隨情營構；雖非端謹之屬，亦自成規矩，舒寄胸臆。如「滅」字，水旁三點減爲兩點，且黏集於字之左上，使全形看似一體，不見偏旁，且「戈鈎」延展，字形趨扁，極具趣味。而諸「是」字、「安」字之「斂左展右」，傾中求立，亦甚險奇而得勢。諸「而」字、「常」字，則垂脚「撐拄」，穩若鶴立。諸「生」字、「不」字、「法」字等，輒平正端坐，至是穩當。本篇各勢各態，可謂不一而足，惟要皆能情意橫溢，丰神俊爽。

章法直行橫列，差可對齊，惟四行中下「止一切」三字較密，一見可知，乃增書「一」字故也，此當書者有意無意之間，所加書者耳。餘者行內十七字，率能前後相隨，左右相對，章法齊整。本篇以用筆較粗，故字間遂覺密實，惟行間卻感寬綽，卒使全篇圓勁渾實之中，時具疏朗清潤之氣，頻添灑脫豪情。卷末題記，用筆細勁疏宕，與正文之粗重密實，有著明顯對比，堪能瞠醒人目，引人注視。

俗字者有：「滅」作「滅」，「斷」作「断」，「悉」作「悉」，「惱」作「惚」，「處」作「䖏」，「易」作「昜」，「直」作「𥃭」，「隨」作「随」，「脩」作「循」，「哭」作「关」，「發」作「𤼵」等。

近時書蹟頗多，如：趙郡王高叡修定國寺頌記（五五七）、新羅眞興王巡境碑（五六一）、大般涅槃經卷第三十一（五六一）、玄極寺碑（五六五）、天柱山銘（五六五）、姜纂造像記（五六五）等。諸作中，以同年所書之大般涅槃經卷第三十一（五六一）較有可觀（註五六）。本篇爲大般涅槃經卷第十八，彼卷則爲大般涅槃經卷第三十一，同經而不同卷。三十一卷其書法細勁方銳，骨氣俊峭，多走側筆出鋒，與本卷之粗豪圓渾，肉血腴潤，多使中筆藏鋒者，恰正相對！觀之不由令人訝奇，同經同年同朝而寫，書風竟絕異若是，眞可驚歎觀止！

一二八、大般涅槃經卷第九　北朝　北周武帝　建德二年（五七三）

大般涅槃經，亦稱涅槃經，有二種譯本，此爲南朝、宋（四二〇—四七九）慧觀、謝靈運（三八五—四三三）等，依大般泥洹經加之，共三十六卷，二十五品，稱爲南本涅槃。內容主以宣說一切衆生，悉有佛性等大乘教義，經過長期「修道」，達到「寂滅」，獲得「圓滿」之功德。此卷：大般涅槃經卷第九，應有二品，今缺「月喻品第十五」，存「菩薩品第十六」一段。卷末有題記跋云：

建德二年，歲次癸巳，正月十五日，清信弟子大都督吐知勤明發心，普爲法界衆生，過去七世父母亡靈、眷屬，逮及亡兒、亡女，并及現在妻息、親戚、知識，敬造大涅槃大品并雜經等，流通供養，願弟子生生世世，値佛聞法，恆念菩提，心心不斷，又願一切衆生，同厭四流，早成正覺。

知此卷乃由大都督吐知勤明所發心敬造，書於北朝、北周武帝、建德二年（五七三）。吐知勤，乃北方姓氏之三字者，大都督，乃北周戎秩，吐知勤明，蓋當時職任北周之大都督者也。全卷縱二三・八公分，橫一〇四二・八公分，黃麻紙，二十一接，每接三十一行，行十七字，楷書體，今藏上海博物館。卷尾有宣統辛亥以後淸室諸遺老之觀款，可參研焉。（註五七）敦煌石室所出經卷，題北周年號者，較爲稀少，本卷與前篇：大般涅槃經卷第十八（圖編二五），俱屬北周，洵爲難得之珍品。

是卷書法端謹整飭，剛柔相濟，遒勁方整之中，時露婉和秀麗，方圓咸能自在得宜，爲北朝難得一見之寫經精品。由斯卷之墨蹟，亦可知曉南北書風別異，殆已不復判若河漢，融合滙流之新書風，已寖成隋唐楷書先河，此於夫書學史與書法藝術，俱是可書大事。

如圖編二六：觀其用筆之特色，乃其毫毛率多扁平如刷，且多使偏鋒，遂使橫畫多細，而餘筆較粗，筆畫粗細之間，差異頗大。此種「舖鋒刷筆」，乃是北朝書風本色，其承沿繼蹟，仍復可尋。橫畫除較細勁之外，「首尖尾鈍」之傳統筆勢猶存，如諸「一」字、「三」字、「所」字、「生」字等是。撇掠之筆，表現甚爲遒美，大抵成彎曲圓弧之狀，尤以毫尾末筆，曲度至爲明顯，如諸「大」字、「及」字、「爲」字等，具隸分遺意，而覺情態飛揚。

本卷表現最爲出色之筆畫，當推鈎趯之勢，尤以「掬月鈎」法，如諸「光」字、「毛」字、「孔」字等，其圓轉遒勁，將力度與曲度，表現至爲完美，眞是妙造天合，堪稱神化之作！其他如「爲」字之「曲脚」，「心」字之「心鈎」等，亦稱精采。捺波之筆，亦是佳善超絕，如諸「大」字、「般」字、「及」字、「是」字、「故」字、「衆」字等，筆毫彎行緩舖，收刄利落微揚，動感十足，甚能悅人心目。而筆畫轉折處，率用方筆「折轉」，與彎鈎之圓筆，成一明顯對比，此其方圓並用，剛柔相濟之處者也。

結體嚴謹方正，布白均整，設體定位，頗是用心。如「大」字，雖只三筆，然左右之重心、長短、呼應等，俱安排得當。「明」字之「均平」；「亦」字下四點之「漸層」與「映帶」；「孔」字之「

向背」；「爲」字三點之「黏合」等，皆能各臻佳妙。

章法縱有行，橫有列，棋盤而陳，齊整有序。行距寬朗均整，加以字裏布白得宜，遂覺和諧停勻，而時有清風秀氣，甚可寶愛。題記亦正楷而書，遂覺書體一致，風格一貫，惟字體較正文爲小，以分賓主故也，行距則疏密錯落，極感自然。

俗字者有：「明」作「眀」，「最」作「冣」，「勝」作「勝」，「能」作「䏻」，「作」作「作」，「因」作「囙」等。

近時書蹟有：曹恪碑（五七〇）、徂徠山映佛巖、文殊般若經（五七〇）、建章初首故稱第一（五七〇）、朱岱林墓誌（五七一）、唐邕寫經碑（五七二）等。曹恪碑與朱岱林墓誌爲楷書；文殊般若經與唐邕寫經碑爲隸書；建章初首故稱第一爲行草書。此時雖諸體書多有，然皆不及本卷眞蹟墨書之精善佳良，敦煌寫經之重要也如此。

一七、佛說生經第一　南朝　陳宣帝　太建八年（五七六）

生經乃西晉敦煌三藏竺法護所譯，今收錄於大正大藏經第三册（一五四號）本緣部。此卷佛說生經第一，據大正本而校，乃屬生經卷二之「佛說舅甥經第十二」，僅缺開端十數行。據饒氏考證，本篇乃晉初所出之四卷本，極是珍貴。本卷佛說生經第一，今存六十行，且爲僅存孤本，卷末題記云：

陳太建八年，歲次丙申，白馬寺禪房沙門慧湛，敬造經藏，普被含生，同佛性者，開甘露門，示解脫道，願乘此善，乃至菩提，裂生死網，破元明障，智慧神力，次第開發，入法流水，成等正覺，迴奉十方六道，爲無所得故。

知此卷書於南朝、陳宣帝、太建八年（五七六），由白馬寺禪房沙門慧湛所敬造，距譯經時日，約後三百年，書體爲楷書，今藏法國、巴黎國立圖書館，P.二九六五號。此卷當是南京遺册，而流入敦煌者也。（註五八）

書法質樸自然，不重雕琢，純以眞性情而書，故樸實之中，時帶稚拙之氣，爲南朝渾樸率眞之作，與南書傳統之流麗清俊本色，迥異其趣，勘可矚視。

如圖編二七：觀其用筆，大抵自然而書，不深究筆法，粗細起束，多率眞自然，一眼望去，方圓肥瘦，錯落參差，極具天趣。然仍可見知出其習慣用筆，要亦屬肥毫圓筆者流，故樸拙之中，屢感圓轉腴潤。橫畫之粗細長短，雖無一定，然細審之，仍可理出脈絡；當橫勒爲主筆時，往往延長，如諸「女」字、「者」字、「其」字、「前」字、「吾」字等是；且有運行時，因筆之提頓，而中間不著紙，逕成斷筆者，如首行「一」字、三行「所」字、五行「可」字、題記末行「所」字等；此種筆勢，於楷書之中，極爲罕見。

捺筆之表出，頗爲新異，中間粗厚，兩端尖細，此乃用筆率性，直起逕收，不究筆法故也，自然有餘，惟精美則嫌不足。如諸「之」字、「便」字、「使」字、「令」字、「太」字、「是」字、「念」字等是。「辶」字旁寫法，乃是本卷醒目特色，豎向以簡單兩筆帶過，旋即右轉走筆收鋒，簡便速捷，雖造型不甚佳美，惟富簡潔天趣。如諸「遣」字、「還」字、「建」字、「造」字、「道」字等是。總論本卷用筆體勢，可述者無多，要亦不出：樸實、自然、腴潤、簡捷、率性、鋩鍛頗多等等，設與嚴謹寫經相較，自是不及，惟天然意趣，則過之云耳。

本卷用筆雖是質樸無華，然結體差稱守律，雖各有態勢，卻能方寸不離，字字清辨。用筆雖較粗渾，結體尙稱疏朗，氣韻流宕，此其可談述者也。

章法依烏絲而陳，縱自有行，橫列雖非齊對，亦一字無差。雖無棋算般之整齊，然規矩不失，體式猶存。字裏行間之布白，尙稱均適得宜。卷末題記，其書風與字體大小，皆與正文無異，乃覺風格一致，氣勢一貫。此等皆其任法中之遵法，自然中之謹肅者也。蓋自有意義焉。

俗字者有：「位」作「𠊎」，「哉」作「𢦏」，「魁」作「㱱」，「乘」作「乗」，「整」作「𢿩」，「恐」作「𢖶」，「網」作「䋄」，「障」作「鄣」等。

近時書蹟有：高肅碑（五七五）、小鐵山匡喆刻經頌（五七九）等。高肅碑爲隸書，渾穆端實。小鐵山匡喆刻經頌，體在隸楷之間，飄逸寬綽。本卷則樸實率眞，圓腴疏朗，置諸其間，可與齊等，而無愧色。同爲南朝、陳代所書之摩訶摩耶經卷上，寫於至德四年（五八六），晚此卷十年，其用筆、結體、書風等，皆與本卷極爲酷似，疑或同人所書，可並觀而詳察之。

【附註】

註 一　本節各朝年代，主參引木鐸印中國歷史紀元年表及張光賓著中華書法史五一、七九、一〇九等頁。又徵引資料，各家紀年或有增減一年之異者，蓋計算法略異故也，弗一一訂明。

註 二　見書林藻鑑卷五，三四頁引。

註 三　參華正書局，歷代書法論文選一五頁。

註 四　參同前書四四頁。

註 五　參書林藻鑑卷五，三國部份。

註 六　參六朝寫經集，「西晉」之部。

註 七　此時南北書家概況，可參中國書法大辭典、書家、南北朝部份。

註 八　參書道全集第三卷，圖版解說、釋文部份。

註 九　參晉書卷九十五，列傳第六十五，藝術，索紞條。

註一〇　「搨筆」之說，參余江著「劃筆和搨筆」一文。載書譜一九八六年第二期（總第六十九期）。

註一一　又此卷之書法，亦有疑其乃後人所僞者，此說亦値留意與參思。

註一二　以上資料，主參引敦煌吐魯番文物，展品說明部份。

註一三　參饒氏於敦煌吐魯番文物書中本卷之考證。

註一四　日人塚本善隆則以爲建初二年（四〇六）所寫。說見書道全集第三卷。

註一五　翟理斯目錄作二三呎（即七〇一・〇四公分），今暫依莫高窟年表作九・七五三六米。

註一六　此段主參引莫高窟年表六〇頁。

註一七　參莫高窟年表六七頁。

註一八　同前註。

註一九　此段主參引饒氏敦煌書法叢刊第二〇卷寫經（一）解說部份，及收於選堂集林、史林之「巴黎藏最早之敦煌寫卷金光明經（P.四五〇六）跋」一文。

註二〇　「長曲撇」與下「豎撇」者，俱參中國書法大辭典一三六—一三八頁。

註二一　「橫波」勢者，詳參中國書法大辭典一四一頁。

註二二　「挑掩」之法，乃歐陽詢三十六法之一，詳參歷代書法論文選九二頁，「挑掩」條。

註二三　以上「補空」、「增減」、「相讓」、「貼零」等諸法，俱歐陽詢三十六法之一，詳參前書九二—九三頁。

註二四　參書道全集第六卷，圖版解說、釋文部份。

註二五　參莫高窟年表一一二頁所述。

註二六　「金刀勢」者，參中國書法大辭典一四二頁。

註二七　「帶下點」者，參同前書一四六頁。

註二八　「流水勢」者，參同前書一五〇頁。

註二九　參張廷相著，玉燕樓書法二五頁。

註三〇　「掬月鈎」者，參中國書法大辭典一二六頁。

註三一　「外掠」之法，參同前書一二六頁。

註三二　參廣藝舟雙楫疏證一三六頁及一七〇頁。

註三三　本段主參引敦煌書法叢刊第二〇卷寫經（一），饒氏解說部份。
註三四　「球棒」之說，參陳公哲著，科學書法三八頁。
註三五　同註三二。
註三六　以上諸經卷，可參同註三二，及莫高窟年表一一四—一二〇頁所引列。
註三七　參續高僧傳卷六。
註三八　同註三二。
註三九　見歷代書法論文選二〇頁。
註四〇　參中國書法大辭典一六一頁，「曲尺勢」條。
註四一　以上諸卷，參莫高窟年表一三二—一三四頁，及敦煌書法叢刊第二一卷寫經（二），解說部份所列述。
註四二　「屈腳」勢者，參中國書法大辭典一二八頁，「屈腳法」條。
註四三　參同註三八。
註四四　「折芒勢」與「攬柳腰」，參中國書法大辭典一二四頁，及熊秉明著「智永千字文和馮摹蘭亭」一文。熊文載書譜第六卷第五期（總第三十六期）。
註四五　「接筆」者，詳參中國書法大辭典一〇一頁。
註四六　題記所言諸事，饒氏多有考證，詳參敦煌書法叢刊第二一卷寫經（二）解說部份。
註四七　「圓」、「澀」之說，參大學書法一六三—一六七頁。
註四八　「中鈎」勢者，參中國書法大辭典一二九頁。

註四九　「雙折挑」者，詳參熊秉明所著「智永千字文和馮摹蘭亭」一文。載書譜第六卷第五期（總第三十六期）。

註五〇　「迴鋒撇」勢者，參中國書法大辭典一三八頁。

註五一　本段主參引敦煌吐魯番文物展品說明部份。

註五二　「縱波」與「橫波」，俱詳參中國書法大辭典一四一頁。

註五三　「虛實轉拓勢」與「浮鵝鈎」者，俱詳參中國書法大辭典一二六—一二七頁。

註五四　參史師紫忱著、書法美學五四頁，「塡實美」部份。

註五五　「撑拄」者，乃歐陽詢三十六法之一，詳參歷代書法論文選九四頁，「撑拄」條。

註五六　大般涅槃經卷第三十一之圖版，可參平凡社、書道全集第六卷所印。

註五七　同註五〇。

註五八　本段主參引敦煌書法叢刊第二二卷寫經（三），解說部份，及莫高窟年表一六〇—一六一頁。

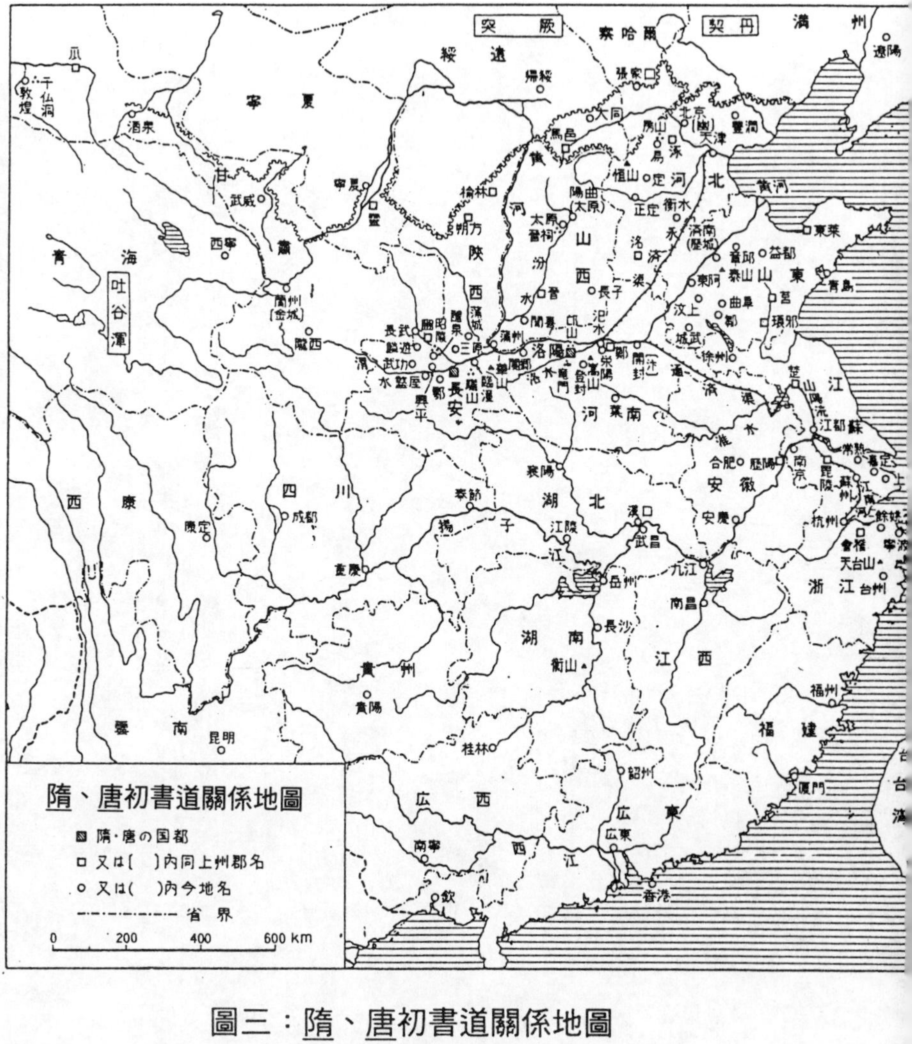

圖三：隋、唐初書道關係地圖

（取自平凡社書道全集第七卷）

第三章　隋代寫卷之書法

第一節　概述

兩晉、南北朝混亂之局，至隋而復歸於一。隋朝自文帝楊堅篡周（五八一）、滅陳（五八九），統一天下，傳至恭帝楊侑義寧二年（六一八）止，凡三世，三十八年。國祚雖三十八載，然眞正統一之局，僅止三十年耳。

隨著政局統一，書道藝事，亦趨而同流，融冶一爐，南帖北碑別異書風，不復見焉。南北書風融滙，雖於「梁陳之際，已漸合流，不待隋而始爲一。」（註一）然新書體——楷書——之成熟定型，卻有待此際而得以成就。

隋朝國祚，雖僅短暫三十八載，然此時之書，卻是上承兩晉、南北朝百變遺風，而下啓唐代規整新局之榫要者，此過渡期，乃吾國中世紀書史之一大關鍵！葉昌熾嘗論之云：

「隋代上承六代，下啓三唐；由小篆、八分，趨於隸楷，至是而巧力兼至，神明變化，而不離於規矩。蓋承險怪之後，漸入坦夷，而在整齊之中，仍饒渾古，古法未亡，精華已泄，唐歐、

虞、褚、薛、徐、李、顏、柳諸家精詣，無不有之，此誠古今書學一大關鍵也。」（註二）

葉氏此論，甚是精當，隋代書法，亟值深研。

肇自漢季之楷書，邁經魏晉、南北朝之演進，至隋已臻成熟定型，且風格多貌，其主要者有四路：

一、平正和美　此路自二王來，以智永、丁道護爲代表，下開虞世南、殷令名。

二、峻嚴方飭　此路自北魏來，以董美人墓誌、蘇孝慈墓誌爲代表，下開歐陽詢父子。

三、渾厚圓勁　此路自北齊、泰山經石峪金剛經、敬使君碑陰來，以曹植廟碑、章仇禹生造像爲代表，下開顏眞卿。

四、秀朗細挺　此路結法亦自北齊來，運筆細挺，另成境界，以龍藏寺碑爲代表，下開褚遂良、二薛。（註三）

以上四路，其承先啓後，蹟象明顯，隋書之關要地位，於茲可見！

而敦煌寫經卷出，尤能確證隋書之絕要地位，以隋代寫卷俱爲眞蹟，且有年時者不少，故於時間、筆法、筆勢、筆意、流風等，俱斑斑可考也。非惟如是，亦頻添書學史料，使隋代書道實況，得以清晰明朗，而顯重於世。尤以隋代寫經制度之成立，最值矚意！如開皇八年（五八八）之思益經卷第四（圖編二九）、仁壽二年（六〇二）之中阿含經卷第八（圖編三三）、大業八年（六一二）之老子變化經（圖編三五）等，由卷末題記跋署，可明其制度之梗概，此即至珍之處。

隋代寫卷之書法，乃本章論述要點，其書史與書藝地位，當在諸碑帖之上，以其量多，且爲眞蹟元貌也。述論於后。

第二節　隋代寫卷之書法

一八、大集經卷第十八　隋文帝　開皇三年（五八三）

此卷大集經卷第十八，姜亮夫氏以爲即是大方等大集經，此乃空虛藏品之一部份。（註四）卷子寫於隋文帝、開皇三年（五八三），末尾題記云：

開皇三年，歲在癸卯，五月廿八日，武侯師都督宋紹，遭難在家，爲亡考妣，發願讀大集經、涅槃經、法華經、仁王經、金光明經、勝緣經、藥師經各一部。願亡者神遊淨土，永離三塗八難，恆聞佛法。又願家眷大小，福慶從心，諸善日臻，諸惡雲消，王路開通，賊寇退散。疫氣不行，風雨順時。受苦衆生，速蒙解脫，所願從心。

知本卷乃由武侯師都督宋紹所讀經求福者之一也。卷長八八三、九二公分，粉白顏色，楷書體，今藏倫敦、大英博物館，S三九三五號。

書法秀氣柔婉，娟細清雅，情意純樸，態勢婀娜，書風格外清新秀朗，乃南北朝末、隋代初之一股清流，甚爲可愛。

如圖編二八：觀其用筆，率以圓筆中鋒爲主，溫潤含蓄，圓融健勁。筆畫起落束收，皆自然運使，無刻意之提按蹟象；且粗細之間，頗爲均實，已漸啓隋末唐初，虞世南淵穆凝遠，雍容嫻雅之風，良可矚目。波磔體勢，可謂本篇筆畫之重要特色，其舖毫著力，輒多明顯，故較之他筆爲粗厚，且末端收筆時，多右上微揚，存隸書揚波飛動之勢，如諸「尒」字、「今」字、「來」字、「處」字、「通」字、「波」字等。風韻頗類前卷：大比丘尼羯磨一卷（圖編二二），惟謹肆大小有別云耳。

本卷運筆轉折處，幾盡是圓筆「折釵股」，與虞永興之轉折，有神契妙合之趣，甚可參玩。側筆率多孤點獨立，深具映襯之美，如諸「亦」字、「得」字、「時」字、「說」字、「欲」字等是。結體雖屬方整，然態勢猶多，依留北方宕蕩飛動之風，蓋以隋因襲北周，且未滅南陳而一統之故也。然本卷之秀氣清婉，實已深染南書韻致，南北異風，不復鮮明，融滙新韻，已嶄露目下。本卷字體之大小、方圓、長短、正斜等，仍有著極度自由。如諸「遮」字、「繫」字、「縛」字等，形體較大；諸「已」字、「汝」字、「以」字等，形制則較小。諸「尊」字、「言」字、「實」字等，字形較長；諸「世」字、「亦」字、「如」字、「今」字等，則字形較短。諸「說」字、「偈」字、「法」字等較正；而諸「尒」字、「來」字、「生」字等則較斜，體勢百態，不一而足。雖奇譎多變，咸能自宜，書風結構，仍存著浪漫與活潑。而結體之分間布白，以用筆圓細，芒鍛不出，而多顯寬綽清朗，處處有間。

章法直行橫列，排峙整齊，雖有韻文偈語，亦秩序井然，依式而陳。行間布白極是寬博疏朗，加以偈言韻文之留白，其間或可走馬矣。大抵而論，本卷章法，可屬整齊寬博，然字間行距，則又自有疏密變化與錯綜參差，而無排棋列算之滯板，此其靈活處也。惟卷末題記，其書逕是粗糙潦草，任意散漫，與正文之娟細清雅，直若天壤，無可相及。觀之，不由令人訝然而意轉突兀：何以若是耶？然並書一卷，乃屬事實，此極端對比，殆難尋二例。

俗字者有：「願」作「頋」，「偈」作「偈」，「答」作「荅」，「勸」作「勧」，「遮」作「遮」，「適」作「適」，「欲」作「欲」，「繫」作「繫」，「縛」作「縳」等。

近時書蹟有：小鐵山匡喆刻經頌（五七九）、彌沙塞戒本（五八一）等。小鐵山匡喆刻經頌，體在隸楷之間，飄逸寬綽，說已見前。彌沙塞戒本則純是樸拙書風，無甚可論。二者諸方而觀，俱難與本卷相較，惟前卷：大比丘尼羯磨一卷（圖編二二），書風及運筆等，與本卷有近類之處，而其不同者、要在：大比丘尼羯磨一卷，較爲豪放飛揚，本卷則較爲拘謹內斂。至夫其餘諸方異同，鑑者可自玩焉。

二九、思益經卷第四　隋文帝　開皇八年（五八八）

是卷思益經卷第四，書於隋文帝，開皇八年（五八八）。卷末題記云：

大隋開皇八年，歲次戊申，四月八日，秦王妃崔，爲法界衆生，敬造雜阿含等經五百卷，流通供養。

員外散騎常侍吳顯華監
袁州政定沙門惠曠校

知乃秦王妃崔，所敬造供養。題記中有「員外散騎常侍吳顯華監」一行十字，知此卷乃朝廷派官吏所監寫者也。姜氏以爲：「此當時官本也，凡官本皆有監臨大吏。」（註五），所言當是。卷長七四六、七六公分，金黃顏色，楷書體，今藏倫敦、大英博物館，S四〇二〇號。

書法方整端謹，丰神俊逸，筆法精純，間架穩實，南北融滙書風新貌，可以本卷爲表率。楷書發展衍進至此，可謂臻於成熟與定型，舉凡筆法、點畫、結字、章法等，皆具體制法規，氣象謹嚴。此乃楷書史之重要轉捩，亦中國書學史之絕要關鍵，深值吾輩探研。

如圖編二九：觀其用筆，「側」、「勒」、「努」、「趯」、「策」、「掠」、「啄」、「磔」之「永字八法」，本卷表現皆極精練純熟。毫毛之起落束收，行筆之輕重緩急，運筆之方圓折轉，率皆精到細膩，妥貼和諧。公元五八八年，中國之隋代，於夫文字書寫藝術，已有如此精絕之表現，洵爲人類文化藝術史之大事，亦中國人之光榮也！

本卷橫勒之筆，仍存「首尖尾頓」之傳統特色，如諸「子」字、「言」字、「生」字、「王」字等是。較長之橫畫，書寫時，率多輕提運使，細勁若絲，如諸「是」字、「等」字、「所」字、「其」字等。甚有輕提至不著紙墨者，如諸字之有「言」旁者即是，此乃行筆輕提法之極度表現。波磔筆勢，可屬本卷筆法最重之處，且薈萃歷來楷捺筆勢精華，故形體與勢能，皆姣好精緊，健勁遒麗，無論「

縱波」、「橫波」，咸起凡入妙，悅人心目，如諸「定」字、「是」字、「大」字、「捨」字等是。其影響更及於三唐後世，而迄至今日，可謂深遠。

鈎趯之筆，體勢亦佳妙而多變，較爲新異而可言者，如諸「子」字之「玉勾勢」，不作上趯，而逕往左向托出，而成「托勾」之形（註六）。又如諸「而」字折鈎，「淨」字「綽鈎」（註七）等，趯鋒多省略不出，甚是別緻，此法亦影響及於唐世經生書法。點側表出，亦極具意態，如叶「氵」旁諸字、「少」字、「心」字、「於」字等是，尤以「於」字之「帶下點」二筆，甚具牽引搖動態勢，靈運可愛。「轉折」之處，本卷多以「圓筆絞轉」行之，遂使方俊俏麗中，時露圓潤與含蓄。

結體自是以方正端謹，均稱和諧爲本宗；純以楷法之端方爲營，無有懈怠。布白極爲均整舒朗，用意極是細膩精巧。由篇中重出字之酷似如模造者可知：書者於結構與運筆之法，殆已至爐火純青，無入不自得之境，如諸「師」、「子」、「吼」、「名」等字即是。洵爲隋代寫經之上品傑作，宜其蔭覆後世也。又字裏畫間，游絲氣脈之牽連映帶，使本書生氣甦活，不致板滯。而首圖四行「滅」字之「黏合」；六行「唱」字之「排疊」與「相讓」；末行「鳴」字之突出「呼應」；二圖六、七二行下半左右兩「恭」字之「避重」等，皆其求變生趣之處也。尚有一事可言，即接筆之「十字塔」（註八），本卷蓋已出現。如諸「大」字、「天」字等，其撇、捺接筆處，筆鋒突伸畫外。此勢智永千字文、馮摹蘭亭序、敬客王居士磚塔銘、及唐代寫經卷等，亦多見及之，當可作一深入研究。

章法直行橫列，對峙齊整，分間布白，通篇均諧，雖是韻文偈語，亦依軌而書，謹若列柱。稱之分棋布算，實無不可。以字裏行間之布局匀整和協，遂使全卷書風極爲完整一貫，方俊整飭之風，觸目盡是。惟卷末題記，降格低書，且行筆閒適，覺其意態雍容，而賓主可分。

俗字者有：「師」作「師」，「願」作「頋」，「惱」作「惚」，「導」作「導」，「戒」作「戒」，「脩」作「脩」，「鼓」作「皷」，「讚」作「讃」，「衆」作「衆」等。

近時書蹟，其要者有二：一爲摩訶摩耶經（五八六），一爲龍藏寺碑（五八六）。摩訶摩耶經書法樸實多態，情意率然。龍藏寺碑則歷來評許極高，推爲隋碑第一，其正平沖和、婉麗遒媚、瘦勁寬博，向稱初唐三家之先聲。本卷風格雖無龍藏寺碑之多貌，然用筆之純練，結體之精緊，意態之端雅，又豈在龍藏寺碑之下耶？

三〇、持世經卷第三　隋文帝　開皇九年（五八九）

持世經又名佛說法印品經，後秦（三八四—四一七）鳩摩羅什譯。內容記述依持世菩薩之請問而說大乘之法門。本卷：持世經卷第三，卷首殘，缺「八聖道分品第八」，尚存「世間出世間品第九」、「有爲無爲法品第十」、「本事品第十一」、「囑累品第十二」四品。卷末題跋云：

大隋開皇九年四月八日，皇后爲法界衆生，敬造一切經，流通供養。

知此卷乃書於隋文帝、開皇九年（五八九）四月八日。然因紙張破損，而闕漏數字。據姜氏莫高窟年表所錄，同年寫經尚有二卷：一爲P二四一三號之大樓炭經卷第三，一爲S二一五四號之佛說甚深大迴向經。二卷之題記皆是：「大隋開皇九年四月八日，皇后爲法界衆生，敬造一切經，流通供養。」若與本卷相校，年、月、日及題識文字皆同，故「皇」字下所缺之文，當爲「后爲法界」四字。本卷亦是隋文帝獨孤后所敬造「一切經」中之一部。縱二六公分，橫八二八公分，麻紙，烏絲欄，共十六接，每接二十九行，行十七字，楷書體，今藏上海博物館。

書法精緊端整，方正挺拔，筆法穩實順適，氣勢俊偉莊和，與前卷：思益經卷第四（圖編二九），同爲新時代、新書風之表率。

如圖編三〇：觀其筆畫，健勁著實，筆筆貫力。方筆側鋒取其姸俊，圓筆婉轉，取其潤蓄，方圓之間，甚能隨心運使。惟仍以方筆、出鋒、外拓，爲本卷用筆特色。因多用側鋒，故橫畫多細，而餘筆較粗。橫筆之勢，仍存傳統「首尖尾頓」之風，惟粗細之間，差異漸小，且有加長趨勢，如諸「世」字、「持」字、「薩」字、「善」字、「是」字等。捺磔筆勢，表現依如上卷之姣好，波身與波叉，皆是楷捺本色，惟毫末微揚，略帶隸分遺意耳。如諸「便」字、「是」字、「念」字、「從」字、「火」字、「夫」字、「故」字等是。

本卷鈎趯之筆，表現頗爲新異傑出，可括目相看，如諸「何」字、「持」字、三行「方」字、四行「等」字、五行「分」字等，其筆毫、著力、速度、角度等，咸掌控得至爲精當，故能遒俊姣好，健勁挺拔如此。而諸鈎趯法中，當以「門鈎」之表出，最稱精絕佳善，如諸「間」字者是。尤以首行五字、二行十三字、末行十字等之「間」字，若援與趙孟頫之鈎趯相較，可驚歎其神似高妙！他如「

心鈎」、「掬月鈎」等，亦是圓勁遒麗，特出時風。本卷「永字八法」中，尙有一法可述，即「挑策」之筆。此法本論文向少論及。此卷「策」法體勢，極具動態與震懾力量，如諸「持」字、「法」字、末行「非」字等，其挑時，噴薄速捷，尖銳如錐，迅若飛電，乃篇中最具速度與爆發力之筆道者，深可注目。

以屬隋代楷書新風之表作，故結體仍以方正端謹爲主，間架亦是均稱和諧。而游絲牽連，雖無前卷思益經卷第四之多，然亦時或見之，不失血脈活絡心法。四行「正」字結體，乃篇中明顯異乎端正方謹者也，幾純以行筆書寫，圓轉牽連，極是靈動活潑！蓋字體愈趨工整，變化即愈少，變化愈少，則字之生命天趣，亦將銷盡，故當時思通變以救之也。

此卷每行雖皆書十七字，然章法橫列卻不齊對，直各隨情置列耳，此其自由之處。字裏布白，尙稱均整，而行間之距，則較爲寬博，殆因度量衡尺寸加大故也（註九）。卷末題記，字體顯有縮小，且結體、運筆，較爲閑適，然書風不變，風格猶能一貫。

俗字者有：「善」作「善」，「等」作「䓁」，「凡」作「凢」，「顛」作「顚」，「雜」作「雑」，「壞」作「壊」，「就」作「就」，「多」作「夛」等。

近時書蹟有：郭恩子墓表（五八九）、佛說月鐙三昧經（五八九）、大樓炭經卷第三（五八九）、佛說甚深大迴向經（五八九）等。四者皆同年所書。郭恩子墓表，乃塼上朱書眞蹟，至爲罕見，書法樸拙渾然，卻無能與本卷比論。惟後三者，亦皆經卷寫本，書法咸亦精善佳良，一時之秀，可與本卷並觀參較焉。

三二、大智論卷第卌二　隋文帝　開皇十三年（五九三）

是卷大智論卷第卌二，書於隋文帝、開皇十三年（五九三）。卷末題記云：

開皇十三年，歲次癸丑，四月八日，弟子李思賢敬寫供養。

知此卷由李思賢所敬寫供養。卷長八五三、四四公分，金黃色，楷書體，今存英國、倫敦，大英博物館，S五一三〇號。

書法細勁清秀，整麗淨潔，精巧細膩，溫和雅淑。亦隋代楷體新書風之一貌，較近「秀朗細挺」一路，微啓褚遂良、二薛先聲。

如圖編三二：觀其筆畫，用筆多以細勁精緻爲主，落起東收，率皆用心留意。由使轉之精細，粗瘦之均整，長短之得宜等，可知書者於毫尖之運用與著力，皆極純熟自得。因運筆主使鋒尖，故落筆時，易有「側筆」、「出芒」、「曲頭折鋒」等現象，並由此等出芒、折鋒之程度，殆可臆知此筆毫之鋒穎，當較是尖長，故能有此筆勢。而豎努之筆，其折鋒景狀，尤其明顯，甚有成「雙折頭」者（註一〇），如諸「是」字起筆者是。「雙折頭」（曲頭）之勢，起源甚早，如漢隸中之禮器碑、夏承碑、石門頌，魏、鍾繇、賀捷表等，早已出現；近時智永眞草千字文中，亦常見之，此風流及唐代而不減，褚遂良即其著名者也。

橫畫運筆，傳統之「首尖尾頓」，與楷法之「首尾按頓」，俱存並用，前法如諸「薩」字、「住」字、「作」字等，後法則如諸「菩」字、「不」字、「是」字等是。惟畫內粗細之間，差異不顯。波磔之筆，極具特色，其形並非重筆鋪毫之「金刀」波勢，而是毫毛尖入輕行，後即提收，狀若「倒置柳葉」之磔法，甚是新異而溫蓄。如諸「是」字、「般」字、「波」字、「蜜」字、「故」字、「散」字、次圖：「及」字、「受」字等是。鈎趯筆勢，以「戈鈎」較有可述，如諸「我」字、「或」字、「識」字等，細勁挺拔，已有褚鈎先風。

結體亦如前二卷：思益經卷第四、持世經卷第三者然，以方正端謹，均整和諧爲主，此蓋隋唐楷書結體之本色！然亦猶有小變，如諸「爲」字、「色」字之「減筆」；諸「尊」字、「我」字、「亦」字之「欹斜」等，乃其稍變而取態勢者也。

章法依屬規整。直行循烏絲而書，對順整齊，布白尚稱寬舒均勻。行皆十七字書滿，惟橫列並不齊對，無棋盤布子之嚴然矩陣，而多順其自由與隨情。卷尾經題「大智論卷第卌二」下，接書雙行小字，此例蓋屬新見，故覺特異有趣。又卷末題記，行書而寫，字體較正文爲大，與往例「正文字大，題記字小」之通則相反，是亦其變異而可注意者也。

俗字者有：「釋」作「釋」，「般」作「般」，「蜜」作「蜜」，「或」作「或」，「醜」作「醜」，「四十」作「卌」等。

與本卷同年、同月、同日而書之經卷，據莫高窟年表所載，尚有數者，簡列如左：

1. S〇二二七號　大智論識卷第四十一　題記同
2. S〇四五七號　大智論卷第四十四　題記同
3. S四九六七號　大智論第四十七　題記同
4. S四九五四號　大智論第五十卷　題記同
5. P二一九九號　大智論卷五十一　題記同
6. 日本、山本悌二郎藏　大智度論卷六十二　題記同（註一一）

以上六卷，咸爲李思賢所敬寫供養之大智論經，書法並皆精整俊麗，各有風色，可齊陳而並參。又本卷書法，與南朝、梁武帝、天監五年（五〇六）之大般涅槃經卷第十一（圖編一二），於筆法、結體、風格等方面，有近類之處，鑑者可留心其異同與關係。

三一、華嚴經卷第卅七　隋文帝　開皇十七年（五九七）

華嚴經乃自東晉、義熙十四年（四一八）至劉宋永初二年（四二一）間，佛陀跋陀羅（Budaha-bhadra，漢譯爲覺賢）所譯。此卷：華嚴經卷第卅七，由清信優婆夷袁敬姿所敬造供養，書於隋文帝、開皇十七年（五九七）。卷末有題跋云：

開皇十七年四月一日，清信優婆夷袁敬姿，謹抾輟身口之費，敬造此經一部，永劫供養，願從今已去，灾鄣殄除，福慶臻集，國界永隆，万民安泰　七世久遠，一切先靈，並願離苦獲安，遊神淨國，罪滅福生，无諸郼累，三界六道，怨親平等，普共含生，同昇仏地。

題記中「謹搣輟身口之費」之「搣」字，於S六六五〇號題記中作「滅」，知「搣」即「滅」字，蓋隋人寫經，多借「搣」作「滅」。卷子屬楷書體，今藏法國，巴黎國立圖書館，P二一四四號。（註一二）

書法矯健遒勁，硬直堅挺，北朝方銳迭蕩風矩，本卷存留特多。於隋代楷書方整之新風中，能標示舊風新意，誠是特立獨行，豪傑之士。

如圖編三二：觀其筆畫，多以方筆運行，尖細硬直，骨氣鏗鏘，不肯作一字媚態，雖無北碑之雄厚，卻有其秀勁清峻，甚可寶玩。筆畫粗細之間，差異不顯。橫畫入筆多尖，中略提行，末則頓收，楷書橫勒「首尾按頓」之法，仍清晰可見，如諸「一」字者是。波磔亦多細勁硬直，不重鋪毫托刀，尖細入筆，旋即提收，自然起束，狀如柳葉，如諸「來」字、「提」字、「界」字、「處」字、「察」字等是。鉤趯之筆，態勢尤多。「掬月鉤」勢，較爲圓轉婉和，然方折處，猶依稀可見，如諸「化」字、「說」字、「无」字、「色」字等。

豎鉤與「鉤努勢」（註一三），最能表現本卷方折堅銳之風：「鉤努勢」者，如諸「切」字、「力」字、「方」字、「功」字等，轉折方銳堅直，硬度極大。豎鉤者，如諸「時」字、「何」字、「身」字、「來」字、「才」字、「子」字、與諸「門」旁之字等，趯鋒逕橫平直角而出，極具噴射衝力！點側之筆，當是本卷方銳本色中，較具圓蓄腴潤者，如諸「尒」字、「除」字、「心」字、「令」

字等即是。

結體亦存北朝間架本色，其大小、方圓、正斜、長短、疏密等，皆極自由隨情，意態洋溢。惟年處隋代，時風之端整方飭，仍具約束力量，故雖宕蕩百態，亦不逾乎方寸之外。卷中較具變化與態勢者：如諸「一」字，體勢頗爲橫長。而諸「尒」字、「除」字、「令」字、「念」字等，頂蓋撇筆與捺筆接合處，不成尖形，而成平頭，態意至爲特奇，書史罕見。又諸「佛」字右旁之「弗」文，左邊連書而下，使全字「穿插」（註一四）之勢，益加明顯。諸「照」字，下四點減省爲三點，且多連筆而書，以爲「地載」。此等皆其變化得趣之處也。

章法直行橫列，對列尚稱齊整，字裏行間之布白，甚是寬博疏朗。惟首圖偈語部份，因布局排列之需，每行分書四段，每段五字，字間遂覺緝密緊連，與布白寬綽餘部，成一明顯對比，甚能醒目與易於辨識。卷末題記，行意加重，質樸自然，體勢益顯自由多變，惟筆法與風格，要與正文無異。

俗字者有：「障」作「鄣」，「數」作「數」，「究」作「究」，「厭」作「猒」，「詣」作「詣」，「變」作「變」，「微」作「微」，「塵」作「塵」，「發」作「𤼵」，「導」作「導」，「坐」作「坐」等。

與本卷書蹟相同之敦煌寫卷，尚有數品：

1. S二五二七號　大方廣佛華嚴經卷第九　題記同
2. S六六五〇號　華嚴經卷第三十　題記同

3. S四五二〇號　華嚴經卷第四十七　題記同

4. S一五三九號　華嚴經卷第四十九　題記同

5. S五七六二號　開皇十七年寫經題記　僅存題記部份

6. S〇一三二號　大方廣佛華嚴經卷第九　題記缺

7. S七五三九號　大方廣佛華嚴經卷第二世間淨眼品第一之二　題記缺

以上諸卷，經筆者目驗，字蹟皆同，當是同人所書。前五卷，題記俱同，後二卷雖殘無題記，然由字跡而斷，當亦此時所書。

此經之寫本卷子甚多，率散見各地，姜氏莫高窟年表載錄頗詳，可參閱之。（註一五）

三三、中阿含經卷第八　隋文帝　仁壽二年（六〇二）

是卷中阿含經卷第八，隋文帝、仁壽二年（六〇二），由經生張才所寫。卷末題記云：

仁壽二年十二月廿日，經生張才寫

用紙廿五張　大興善寺沙門僧蓋校　大集寺沙門法剛覆

由此題記之款式與內容，知此際寫經制度雛型已成。其書者、用紙、初校、覆校等，率已具備，此于寫經制度史中，極為重要可貴。卷縱二六公分，橫四八七、六八公分，金黃色紙，楷書體，今藏倫敦、大英博物館，S三五四八號。

書法極爲端方整飭，俊秀清麗。筆觸精工細膩，健勁挺拔。即援唐楷相四，亦鮮能出其右；環顧本朝，自是獨立冠時，楷書翹楚。

如圖編三三：觀其用筆，主以方筆出鋒爲使，然卻細緻精到，不致「鋒鋩圭角」。落筆、行筆、收筆等，皆精心轉運，緩急有節。筆畫之粗細、長短、正斜等，亦咸能隨體營構，配製得宜。楊守敬平碑記曾評龍藏寺碑云：「細玩此碑，平正冲和處似永興，婉麗遒媚處似河南，亦無信本險峭之態。」設引以評述本卷，當亦無不可也。惟初唐三家中，開歐、褚之風爲特多者耳。橫筆之粗細、長短，變化頗多，要率以細、長者爲特色，如諸「是」字、「不」字、「此」字、「者」字、「尊」字等，且略帶彎曲弧度。而其至細者，可若鋼線游絲，如諸「學」字、「不」字、「尊」字、「論」字等是。此細長弧筆，頗爲「婉麗遒媚」，當是褚書所源祖；而其收筆處，多成方頓，謹嚴峭峻，又與歐書同風，則本卷之牢籠初唐，稱絕一時，「橫勒」一勢，即已見之矣！

撇掠之筆，健勁秀捷，「陸斷犀象」（註一六）。氣勢與毫力，並皆精妙，如諸「來」字、「沙」字、「食」字、「不」字、「者」字等是，並具褚筆韻勢。波磔體勢，亦是佳善，波身與波刄，分制停宜，精勁俊切，如諸「來」字、「是」字、「衆」字、「論」字等是。然亦有鋒刄不出，內斂含蓄者，如次圖四行「遊」、「舍」、「林」、「尒」四字、五行「未」、「家」二字等，此其知變生津處也。本卷鈎趯之法，特可傲視群倫，垂範百代，舉凡「心鈎」、「戈鈎」、「搁月鈎」、「中鈎」、「向左鈎」等，盡皆妙造天合，鬼斧神工。「心鈎」者，如諸「志」字、「隱」字、「聽」字、「思」

字等。「戈鈎」者，如諸「我」字等。「掬月鈎」者，如諸「見」字、「梵」字、「說」字等。「中鈎」者，如諸「來」字、「末」字等。「向左鈎」者，如諸「時」字、「門」字、「能」字、「消」字、「尊」字、「薄」字、「栒」字、「學」字、「阿」字等，並皆挺勁堅拔，銳利峻峭。歐陽鈎趯，向稱超絕，今觀經生張才書卷，乃知歐陽之外，早有妙手！

結體之工整精嚴，均適和協，自是楷體本色，一時趨尚。而其求變知通處，則頗有可述，如諸「塞」字之「增筆」；諸「往」字偏旁之借用隸法；諸「此」字、「法」字豎筆之突長；諸「暾」字、「我」字之「挪讓」；次圖五行「明」字之「偏側」等，咸能變化得趣，倍增生氣。

章法直行橫列，對置布排，堪稱齊整。而分間布白，雖屬均勻，然疏密之間，仍具自由與隨情。行距尚稱寬綽疏朗，使本卷之端方整飭，俊秀清麗，越發流暢順實，精采射人。卷中段落甚爲清晰明確，以每品第終了，皆具尾題，且以小字書明字數，接書其後者，亦有新題，此蓋新備之章法格式，甚可留意。

俗字者有：「塞」作「塞」，「私」作「私」，「隱」作「隱」，「槃」作「槃」，「友」作「友」，「坐」作「坐」，「聽」作「聽」，「答」作「㶽」，「律」作「律」等。

近時書蹟有：龍山公墓誌（六〇〇）、孟顯達碑（六〇〇）、啓法寺碑（六〇二）、龍華寺碑（六〇二）、鄧州舍利塔下銘（六〇二）、蘇慈墓誌（六〇三）、大般涅槃經卷第十七（六〇三）等。此等書作，率皆精善佳品，一時名蹟，本卷置諸其間，可與並齊，而無愧色。以愚拙見，設眞論及運筆使毫、結體簡架、翰墨元神等，本卷實可凌超時作，而稱冠有隋！

三四、大般涅槃經卷第十一　隋煬帝　大業四年（六〇八）

此大般涅槃經卷第十一，比丘慧休所敬造，書於隋煬帝、大業四年（六〇八）二月十五日。尾末題跋云：

大業四年二月十五日，比丘慧休，知五衆之易遷，曉二字之難遇，謹割衣資，敬造此經一部，願乘茲勝福，三業清淨，四實圓明，戒慧日增，惑累消滅，現在尊卑，恆昭福慶，七世久遠，永絕塵勞，普被含生，遍沾有識，同發菩提，趣薩婆若

清信佛弟子尹嘉禮受持

開九開十開十一年各一遍　曇智受持

楷書體，卷今存日本。

書法挺勁遒秀，端矩有法，秀麗規整中，仍存北朝神情意態，體勢多貌而有新意。如圖編三四：觀其筆法，規矩閑熟，氣度雍和，起束使轉，用意細到，鋩鍛不出。方圓正側，率能隨體營造，和峻得宜。筆畫粗細之間，變化頗能生趣有致。橫筆多較細勁，傳統之「首尖尾頓」與楷法之「首尾按頓」筆勢，兼融並用，各臻佳善，如諸「菩」字、「薩」字、「等」字、「聖」字等。而波磔之勢，特爲粗毫重按，乃全篇最醒目震撼之處，北朝雄邁遺風，于此顯露特多。如諸「之」字、

「人」字、「是」字、「故」字、「定」字等，無論「縱波」、「橫波」，率皆粗邁豪放，氣勢雄渾，並帶有分隸遺意，已漸開褚遂良捺筆舖毫先聲。

鈎趯體勢，尙稱姣好，惟趯鋒稍長，如二行「爲」、「也」二字、諸「義」字、「戒」字、五行「愧」字、六行「覺」字等，亦可視屬特色之一。撇掠筆勢，則多硬直細勁，尖銳速捷，其力度、硬度、與速度，堪稱篇中之最，如諸「行」字、「名」字、「人」字、「有」字、「多」字等是。「轉折」之處，多方圓並揉，態勢雍容，與撇掠之尖硬速捷，迥異其趣而成顯比。

結體雖是楷書本色，以方正端謹，布白均整爲主，然卻無如前面諸卷之精嚴方正，而自有態勢與情意。如諸「之」字、「是」字、「定」等，重心皆落於底部橫波，形成罕見之造型。五行緊連之二「故」字，波勢一爲「反捺」（註一七），一爲正捺，通變得趣。諸「義」字之「挑撻」，而使上密下疏，狀似凌空高閣。此等皆其結字之異乎正軌者也。

章法直行橫列，尙稱規整，字裏行間布白，亦有餘地。惟篇中首二行「菩薩」二字，多帶斜傾，可稱異特。而尾題「大般涅槃經卷第十一」諸字，緊連攢書，不留間白，成篇中極密之處。題記行筆而書，用筆、結構、章法等，皆無意求工，故極自然樸拙。最末「清信佛弟子尹嘉禮受持」、「開九開十開十一年各一遍」、「曇智受持」三行，由書蹟別異而觀，當非同時同人所書，蓋乃補記增書者也。

俗字者有：「寂」作「家」，「戒」作「戎」，「愧」作「愧」，「休」作「体」，「卑」作「

早」等。

近時書蹟有：張貴男墓誌（六〇六）、大般涅槃經卷第三十七（六〇八）、寗贙碑（六〇九）等。本卷書法可在張貴男墓誌、寗贙碑之上；而大般涅槃經卷第三十七，其書法和題記皆與本卷相同，當是同人同時所書作，可並觀之。

三五、老子變化經 隋煬帝 大業八年（六一二）

此卷老子變化經，書於隋煬帝、大業八年（六一二）八月十四日，由經生王儔所寫。卷末題記云：

大業八年八月十四日，經生王儔寫
用紙四張
玄都玄壇道士　覆校
裝潢人
秘書省寫

由此題記之型式與「秘書省寫」等字樣，可知是卷乃當時政府所書之官本，蓋此際政府之寫經制度，業已成立，「秘書省」即其主事機構。卷長一九〇、五公分，顏色黃，楷書體，今藏倫敦、大英博物館，S二二九五號。

書法方整勁挺，峻麗遒健，北朝方健風矩猶存，南朝細美流韻不失，冶南北書風於同爐，新韻凌轢，亦隋代楷書之一貌，足資參研玩賞。

如圖編三五：觀其用筆，起收皆具法度，落筆時，下按之勢明顯，如諸「來」字、「中」字、「教」字等，比比可見。正鋒與側筆，應體營設，立骨取態，咸自得宜；藏鋒與露鋒，亦能隨情使運，默語得時。而筆畫粗細變化，亦機巧入妙，大抵橫筆與掠筆較細，而餘筆多粗。橫畫傳統之「首尖尾頓」與楷法之「首尾按頓」，並使齊用，各臻巧妙。波磔筆勢，堪稱本卷傑出之特色：健勁穩重，波身甚長，如諸「使」字、「來」字、「道」字、「之」字、「教」字、「度」字等，無論「縱波」、「橫波」，咸壯實而自成風格。

「轉折」之勢，亦本篇用筆重要特色之一，橫向使筆多細，而折後用筆多粗，其重按鋪毫筆勢，明顯且方峻，如諸「爲」字、「黑」字、「而」字、「滿」字、「中」字、「南」字等即是。此筆法與前波磔筆勢，其於用筆與風神，已逐啓徐浩、顏眞卿等書派之機先，良可矚視。撇掠之筆，態勢多貌，而以「長迴鋒撇」（註一八）者，最爲新異，如諸「度」字、「者」字、「少」字、「多」字等，筆法運鋒，清晰可辨，分隸意濃。而諸「大」字、「春」字之「豎撇」，後半折轉，亦頗具韻致，已肇啓褚遂良、米芾等行筆彎弧先河。

鈎趯之法，姿勢亦衆，「中鈎勢」與「向左鈎勢」，筆鋒直努而下，旋即左趯，多近直角，如諸「來」字、「青」字、「有」字、「可」字、「附」字、「衡」字、「剛」字等，其型制與氣韻，隱帶柳味。「捥月鈎」勢，彎轉時，極爲細挺，轉後即鋪毫而行，如諸「已」字、首行「紀」字、二行

「絕」字等，甚具險奇對比。綜論本卷筆法，涵濡後世甚多，影響深遠，非僅隋朝稱絕，亦書史前流妙品。

結體以方正端謹，嚴整均諧為宗，依是隋楷本色，惟變化處，亦不乏其例。如諸「使」字、「來」字、「適」字、「度」字等之具波磔勢者，其「挑㧗」體法，即甚得勢。諸「已」字之上小下大與夫粗細之間，對比強烈，亦能汲人目光。六行「極」字，延長底橫以為「地載」。次圖二行「變」字，延長頂橫以為「天覆」。諸「以」字，左旁連書，而與右旁分立對峙。五行「茅」字，末筆撇掠，竟反向而書，以「策挑」代之，最稱特異。以上諸字例，即正中求變，板中求活者也，足見隋楷，仍具相當之自由與靈運。

章法雖無如布棋列算齊峙，依屬規整者流，行間布白尚稱規勻。惟卷末題記，置列頗是用心安排，疏密對比有序，甚求格式之設計。由斯卷題記型制，除可明瞭隋代寫經制度之一般而外，卷末部份之書寫，亦漸為人所矚目，而南北朝時之天眞爛漫，隨情樸拙淳風，亦寖不復見矣！

俗字者有：「來」作「来」，「剛」作「㓻」，「裏」作「裹」，「走」作「赱」，「衡」作「衜」，「極」作「極」，「留」作「畱」，「數」作「數」，「節」作「莭」等。

本卷並前：思益經卷第四（圖編二九）、持世經卷第三（圖編三〇）、大智論卷第卌二（圖編三一）、中阿含經卷第八（圖編三三）等，俱為隋代楷書要作，於夫書史與書藝，皆具重要地位與價值，可齊陳而加深研。

三六、勝鬘義記卷下　隋煬帝　大業九年（六一三）

勝鬘師子吼一乘大方便方廣經，劉宋時求那跋陀羅（Gunabhadra）所譯，收於大正大藏經第十二册三五三號（註一九）。本卷：勝鬘義記卷下，書於隋煬帝、大業九年（六一三），卷末題跋云：

釋慧遠撰之也

大隋大業九年八月五日，

沙門曇皎寫之，流通

後世，校竟了。

經疏卷之下

由題記可知，本勝鬘義記卷下，乃釋慧遠所撰，沙門曇皎於隋、大業九年八月五日所寫。正文楷書，題記行書，背爲無常經疏，白崖寺僧正演述。卷今藏法國、巴黎國立圖書館，P二〇九一號。

正文書法質樸渾古，自然多態，氣韻高古，率情洋溢，多存南北朝朴質本眞，而鮮隋代工整雕琢新韻，風致特爲別出。惟本文論述要點，乃著重於卷末之行書題記。

卷尾題記，除「釋慧遠撰之也」六字接書尾題「勝鬘義記卷下」之下外，餘皆隔行大字而寫，文云：「大隋大業九年八月五日，沙門曇皎寫之，流通後世，校竟了。經疏卷之下」，凡二十八字，加前六字，總三十四字。

書法遒勁流暢，情意閑適，用筆使轉自在，不見刻意，極具逸韻清致。

如圖編三六次圖：觀其筆法，起束自然適情，無違運筆基法，方圓正斜，長短肥瘦，咸具變化與態勢。捺筆多呈圓勢而覺蓄潤，如諸「大」字、「八」字、「皎」字、「之」字、「通」字、「校」字、「卷」字等，圓融而渾勁。鈎趯之勢，或方或圓，方者如「月」字，尖銳峻利；圓者若「九」字、「竟」字，其「擲月鈎」勢，不作上趯，而逕自右彎提筆，極爲率性灑落，圓腴潤婉。

豎筆之表出，甚有情韻。「垂露」者，如「年」字、「下」字，而「下」字收筆蹟象明顯，逕成一頓點，已漸啓徐浩、顏眞卿收筆體勢。「懸針」者，如「了」字，筆鋒縱努而下，延引甚長，勢成「飛白」，極具蒼古高韻。「游絲」與「連筆」，牽引映帶，活絡縵妙，如「沙」字、「寫」字、「校」字、「竟」字等，行書本色，表現淋漓。

行書之結體間架，「縱於眞」而「歛於草」（註二〇）。清、宋曹云：

> 所謂『行』者，即眞書之少縱略，後簡易相間而行，如雲行水流，穠纖間出，非眞非草，離方遁圓，乃楷隸之捷也。（註二一）

故行書體勢變化領域，極爲廣袤。本卷可視爲較近楷書之「眞行」（註二二）。其結構體勢，雖極靈運生趣，變化多端，惟無脫楷體形貌，規矩猶存。結體筆韻，當亦蔭承山陰一脈影響，如「月」、「五」、「日」、「流」、「經」、「疏」、「之」等字，頗具二王神態，甚爲佳妙。字型大小方圓，變化俱足，小者如「隋」、「年」、「之」、「下」等字；大者如「大」、「業」、「曇」、「世」、

「校」、「竟」等字；橫扁者如「八」字，縱長者如「月」、「了」二字，而以「了」字之垂筆、飛白、懸針，最具態勢風神，深可觀矚。惟運筆間架，亦有不稱佳美者，如「門」、「世」二字，通體而觀，即嫌疵敗。

章法亦有可談之處，全幅一變楷書寫經之直行橫列、對峙齊整常規，且字體較正文大出許多，殆可喧賓而奪主矣！除去前「釋慧遠撰之也」六字外，自「大」迄「下」，分書四行，章法多變有趣：頂線由高而低，直行由長而短，字數由多而少，字體由小而大，行距由疏而密，諸方綜觀，率成「漸層」之美，自然而饒天趣，爲隋朝罕見之行書傑作。

俗字于行書中，亦時可見之，如「釋」作「釋」，「隋」作「隋」，「年」作「秊」，「皎」作「皎」，「疏」作「䟽」等，不乏其例。

此勝鬘義記卷下，本文主論其題記之行書書法，而歷代行書史中，隋朝作品，除智永歸田賦外，餘罕見載錄，論者自亦希鮮，蓋因「文獻不足微」故也。今幸敦煌寫經卷出，得見隋代墨蹟眞目，非惟可續隋代行書斷層，亦中國書史之要事也，其珍奇貴重，豈可計量也哉！

三七、僧伽吒經卷第二　隋煬帝　大業十二年（六一六）

此卷僧伽吒經卷第二，隋煬帝、大業十二年（六一六）六月廿四日，由沙門智首所寫，題記云：

大業十二年六月廿四日，大禪定道場沙門智首，敬寫一切經，上爲　至尊皇后，所生父母，法界蒼生，七世父母，敬心供養。楷書體，今藏日本、東京、書道博物館。

書法細勁堅挺，方峻瘦硬，風骨嶙峋高騫，清俊秀出，兼具北朝風骨與南國清秀，可稱隋代楷書精妙，書史不朽之作。後世褚書風神體貌，與此逼似，或與本書深有淵源。如圖編三七：觀其用筆，以方筆細堅爲主，骨氣特爲昂揚，起止亦細膩精到，絲毫不苟。沙門智首，能將鋒毫精純運使如此，洵非易事，堪稱高手。其精絕妙藝，亦隋代新楷之一格，足資傲視群倫矣。以多中鋒毫尖使轉，故字特爲崢嶸峻桀，神充氣足，而粗細間之差異，亦較爲明晰。大抵橫筆多細勁，而轉折較粗重。橫畫率以細長瘦勁爲主，如諸「是」字、「藥」字、「菩」字、「言」字、「善」字、「哉」字等，堅細猶如鋼絲。其微彎帶弧者，如諸「言」字、「善」字等，直似褚書所出，歎爲神奇！傳統之「首尖尾頓」與楷法之「首尾按頓」，並皆使用，咸臻佳妙。而收筆時之頓壓蹟象明顯，是亦其特色者也。

直豎之筆，率亦瘦勁挺直，頗多「懸針」體勢，如諸「佛」字、「問」字、「解」字等是。鈎趯筆勢，極爲勁挺姣好，氣力萬鈞，如諸「戒」字、「藏」字、「哉」字、「義」字之「戈鈎」；「懃」字、「忍」字之「心鈎」等即是。而「問」字之「向左鈎勢」，盡是褚書本色，驚若同出，本卷之爲先聲前源，殆無疑也。波磔體勢，亦是勁長姣好，頗具褚筆風韻，如「是」字、「提」字、「卷」字等是。撇掠之筆，尤有纖細媚態，較爲明顯者，如：「辱」字、「藏」字、「卷」字等。「轉折」處，乃本卷運筆重要特色之一，其著力舖毫極為顯著，筋連節扣，活絡血脈，深具戶樞機要。綜觀本卷八法運筆，皆極精妙細膩，罕見倫匹，設使褚公得見，蓋亦弗能無歎也歟！

結體嚴整均稱，方正規矩，依是楷書本色。而其變化之處，或亦有可述：如「戒」字、「哉」字點筆之安排，頗能生趣；諸「佛」字右旁「弗」文之減筆分段；兩「義」字首二筆之變化避重；「吒」字之增筆與挪讓等，皆其定規固法中之生異求變者也。

章法直行横列，差能對齊，字裏行間之布白，尚稱寬舒。以用筆多細勁清秀，故行篇章法，時有清風俊氣，涵射其間。惟卷末題記，字體較小，且用筆輕浮慢隨，雖具樸拙稚眞，卻與正文不甚協調，謹肆正慢，風格迥異，相別殊懸。此乃本卷使觀者視覺驟轉，感覺劇變之奇趣處也。

俗字者有：「戒」作「𢦔」，「藏」作「蔵」，「讚」作「讃」，「埵」作「埵」，「哉」作「𢦏」，「男」作「男」等。

近時書蹟有：太僕卿元公墓誌（六一五）、太僕卿夫人姬氏墓誌（六一五）、尉富娘墓誌（六一五）等。太僕卿元公墓誌與太僕卿夫人姬氏墓誌，二者同時出土，書風俱秀整遒密，下啓歐書。尉富娘墓誌，則方整遒麗，下開歐、柳。三者俱隋代重要書作。而本卷之秀勁堅挺，方峻遒麗，亦下啓歐、褚，而尤以褚書者特多。故本卷置諸三者之間，可與齊陳而無愧遜，若論評墨韻與元神，則在三者之上矣。

【附註】

註一　參書林藻鑑卷第七，七三頁。
註二　參語石一卷，七頁。
註三　以上四路風格之說，主參引沙孟海著「略論兩晉南北朝隋代的書法」一文。
註四　詳參莫高窟年表一六九頁。
註五　參同前書一七三頁。
註六　「玉勾勢」與「托勾」勢者，俱參中國書法大辭典一三一頁。
註七　「綽鈎」者，參同前書一三〇頁，「綽鈎勢」條。
註八　「十字搭」之說，參熊秉明著「智永千字文和馮摹蘭亭」一文。文載書譜雙月刊第六卷第五期（總第三十六期）。
註九　中國度量衡尺寸，有歷代增大趨勢，故寫經卷紙烏絲欄之距，亦逐代加寬。詳參潘吉星著中國造紙技術史稿一七三～一七六頁。
註一〇　「雙折頭」之說，參同註八。
註一一　以上所列諸卷，詳參莫高窟年表一七七頁。
註一二　本段主參引敦煌書法叢刊第二二卷寫經（三），解說部份。
註一三　「鈎努勢」者，詳參中國書法大辭典一二八頁。
註一四　「穿插」者，乃歐陽詢三十六法之一。參歷代書法論文選九一頁。
註一五　詳參莫高窟年表一八一～一八二頁。

註一六　東晉、衞夫人筆陣圖云：「丿，陸斷犀象。」詳參歷代書法論文選二〇頁。

註一七　「反捺」之勢，詳參中國書法大辭典一四四～一四五頁。

註一八　「長廻鋒撇」者，詳參中國書法大辭典一三八頁。

註一九　參同註一二。

註二〇　參劉熙載著、藝概一三九頁。

註二一　詳參中國書法大辭典三四頁，「行書」條。

註二二　「眞行」者，詳參中國書法大辭典三四～三五頁。

第四章　唐初寫卷之書法

第一節　概述

隋雖一統南北，完成楷體，惟惜祚短，未克鴻展，旋即殄滅。是以國勢之鷹揚與書道之發皇，弗能不拱讓於新振之李唐！

唐代自高祖李淵稱帝，改元武德（六一八），至昭宣帝、李柷、天祐四年（九〇七）止，傳二十三主，凡二百九十年。中雖有武后建周，然歷來學術，皆並論於唐。是以唐代者，乃南北亂後，首見之大統一者，其江山與盛世，可與劉漢媲美，「漢唐」之稱，蓋非虛譽。

唐朝政治繼軌有隋，書道藝事，亦承其流。

一、唐書興盛原因

唐代書學歷稱鼎盛，考其原因，主有數端：

㈠承前洪流，時勢所趨　吾國書學，自先秦而下，歷兩漢、魏晉、南北朝、隋等，此流乃自然勢運，唐之繼盛，蓋時所必然。

㈡帝王提倡，朝廷重視　唐朝帝王，率多善書好畫，尤以太宗李世民，篤好尤甚，獨標羲之，乃開風氣之先。而王公大臣，亦多能書，是以君臣之間，一片峥嶸。

㈢以書爲教，以書取士　唐代之以書爲教，以書取士，馬宗霍論之綦詳：

唐之國學凡六，其五曰書學，置書學博士，學書日紙一幅，是以書爲教也。又唐銓選擇人之法有四，其三曰書，楷法遒美者爲中程，是以書取士也。以書爲教仿於周；以書取士仿於漢；置書博士仿於晉；至專立書學，實自唐始。宜乎終唐之世，書家輩出矣！（註一）

㈣政經發達，天下承平　書法乃藝事也，須待發達之政治、經濟、文化，與承平之社會，乃克有成。唐爲繼漢後之第二盛世，天下晏安富庶，書道藝事，自能昌榮日盛。

以上諸因，唐書得能鼎盛，尤以楷書，則稱「黃金時代」，而可空前絕後矣！

二、唐楷分期

唐楷分期，歷來不一，然依書風演變，當可分三期：初唐、中唐、晚唐。（註二）

㈠初唐

初唐書家，以歐陽詢、虞世南、褚遂良三者稱擅，史譽「三大家」。歐書峭勁嚴整，皇甫誕碑、九成官醴泉銘、化度寺碑、虞恭公碑等，是其名作。虞書婉雅冲和，孔子廟堂碑乃其代表作。褚書疏瘦勁練，伊闕佛龕碑、孟法師碑、雁塔聖教序、房玄齡碑等，至足表其特色。

另有薛稷、薛曜、殷令名、王知敬、郭儼、趙模、高士廉等，亦屬可觀，惟多不脫三家範疇。

唐初太宗崇法右軍，三家書亦與右軍深有淵源，而右軍書向稱少肉，是以初唐書家，多有清瘦之致，而此風實亦隋書之特色也。以愚拙見：初唐之書，實乃隋書之延續也！歐、虞者，乃陳、隋之人，褚氏則生於開皇間，三人俱長習於隋，而稱名於唐，故初唐之書，洵可作隋書觀，此論若證以敦煌隋卷，即本文第三章所述者，即可瞭然釋惑，而信吾言之不誣也。

㈡中唐

初唐之書，既可視作隋書，然則唐書何在？曰：必待魯公出也！馬宗霍書林藻鑑嘗論之云：

> 惟唐初既胎晉爲息，終屬寄人籬下，未能自立。逮顏魯公出，納古法於新意之中，生新法於古意之外，陶鑄萬象，隱括衆長，與少陵之詩、昌黎之文，皆同爲能起八代之衰者，於是始卓然成爲唐代之書。（註三）

此論甚是精湛得情。

顏眞卿書，端莊雄偉，氣勢磅礴，雄深雅健，正義凜然，堪作唐書表率！唐書至此，始卓然自有面目，獨立風範。多寶塔碑、東方先生畫贊碑、麻姑山仙壇記，大唐中興頌、顏氏家廟碑等，乃其傳世名作。

㈢晚唐

唐書自魯公出，乃能力矯晉書隋楷之瘦勁，而以雄偉雅健，自立風貌，造登新峯。元和後，柳公權繼盛，而與魯公並稱「顏柳」。柳書雖能自出機杼，主盟晚唐，然實自魯公出，惟特以瘦骨堅勁鳴世耳。

唐楷發展至顏、柳，可謂終極，竟唐之世，無能出其右者。吾國楷書，亦自唐後，別無新意。夫物極必反，盛極必衰，唐楷自顏、柳後，書運中衰，吾國楷書，亦自顏、柳後，而盛況不再！

三、唐諸體書

楷書發展至唐，可謂黃金鼎盛，然其餘諸體書，實亦可稱：「中興」。

篆書之著者，咸推李陽冰。滑臺新驛記、城隍廟碑、三墳記、栖先塋記等，為其名世之作。或稱其書自泰山、嶧山諸碑來，然古意盡失，適足為唐篆，且貽後世板刻篆書之模範耳！餘者如陽冰前之王遹，陽冰後之李靈省，皆見稱於歐陽脩集古錄。而瞿令問之峿臺銘等，亦是著名者也。

隸書主有四家：韓擇木、蔡有鄰、李潮、史維則是也。韓擇木書評者以為蔡邕中興，蔡有隣書亦謂石經繼軌，李潮則疑即李陽冰，史維則乃享有高評。惟論其結體運筆，率皆大變漢法，直成唐隸者耳。

草書則深受二王、智永影響，孫過庭即其顯例。其書專守晉法，頗少變化，有優游之美，而無奔放之樂，所寫書譜、千字文，後世傳為草書範本。張旭則有「草聖」之譽，號稱絕倫！草聖宗風，於焉有繫。懷素亦自負得草聖三昧，人目以爲狂，其「狂草」能繼張旭之後，而並稱「顛張狂素」，惟其矜張已甚，發露無遺，較之張旭，已有文野之別，不徒肥瘦而已。行草相參之帖，則以魯公三稿：爭座位書稿、祭姪文稿、祭伯父文稿，推爲第一佳品。

行書固以臨倣羲之蘭亭序與集字聖教序爲宗。唐太宗之晉祠銘、溫泉銘，有名初唐，且以行書入碑版，首開新紀。李邕行書，可謂縱橫自如，照耀四裔，雖出二王，實參北法，勢方而韻圓，筆駿而度緩，宜乎稱擅有唐。

至夫女子書家，亦不讓鬚眉，如房璘妻高氏、劉秦妹、薛濤、柳夫人（宗元姊）、楊夫人（宗元妻）等，皆稱能書，俱見載於玉臺書史、書史會要、書小史等書。

四、敦煌唐寫卷

敦煌所出寫卷，太半爲唐作，其數量之多與內容之富，乃史所未見，直可震古駭今矣！此於吾國書學史而言，乃一大事也。而此寫卷眞蹟，雖多出俗庶，然其間不乏傑作妙品，如本文所列：臨智永眞草千字文殘卷（圖編三九）、阿毗曇毗婆沙卷第六十（圖編四〇）、洞淵神祝經誓魔品第一（圖編四一）、妙法蓮華經卷第三（圖編四二）、妙法蓮華經卷第五（圖編四三）等，俱是精善佳書。

而唐代政府寫經制度，較前代尤爲周密精詳，如本文：洞淵神祝經誓魔品第一（圖編四一）、妙法蓮華經卷第三（圖編四二）等，即其例也。其寫造時態度之愼重與體制之詳備，洵可謂「空前絕後」！

此於文化、宗教、藝術等面，俱是至要大事。

敦煌唐寫卷，尚有二特色：一即楷書以外之諸體書卷增多。尤以草書經卷，量多且長。二爲佛、道以外文獻，量亦激增。如經、史、子、集，四部典籍之鈔錄者是。

唐代敦煌寫卷，於數量與內容，俱稱空前，其鼎盛與光芒，史無可比。惟自安史亂後，國勢轉衰，書運亦見陵夷。天寶後之寫卷，已難見佳書，代宗大曆後，則幾至無可論矣！朝廷中雖有顏、柳之力振新峯，然民間頹勢已成，蓋已無可如何矣。

唐代敦煌寫卷之書法，乃本章論述重點，雖因時間之限，僅止唐初，然或亦有助乎初唐書法之瞭解云。述論於后。

第一節　唐初寫卷之書法

三八、維摩詰經卷第三　涼　安樂三年（六二〇）即唐高祖　武德三年

此維摩詰經卷第三，爲姚秦、鳩摩羅什所譯。與前吳、支謙譯本：維摩詰經卷上（圖編二）者，乃同經不同譯。卷末有題記云：

寫妙法功德　普施於一切　同證會眞如　速成無上道

竊聞如來，出於經教，金口所說，十二部尊經，演導群生，心中浪悟成想，炳然光影即現，非形有想，覩瑞應而除僫，聖僧行教，衆生無不歸伏。然閻碩兄弟等，生在閻浮，一形已來，惡業所鍾，不能捨利，遂即歸投佛海，尋經聽義。但聞此經一句一偈，即除五濁之名。弟子等減割一米之餘，奉爲亡考、亡妣、七世先靈，敬造維摩經一部、華嚴十惡經一卷。弟子燒香，遠請經生朱令習，用心齋戒，香湯洗浴，身着淨衣，在於靜室，六時行道，寫經成就，金章玉軸，瑠璃七寶，莊嚴具足。又願弟子兄弟合門眷屬諸親知識等，百惡從茲併滅，十善還來捕處，法輪恆暉，三寶無難，耶摩歸正，六道衆生，俱時成佛。

安樂三年三月十四日寫訖，弟子閻碩供養。

題記載述頗詳，知此卷乃閻碩所敬造供養，而由經生朱令習寫於涼、安樂三年（六二〇）。「安樂」乃隋末涼王、李軌所建年號，與李淵同時稱帝，故涼、李軌、安樂三年，即唐高祖、李淵、武德三年也。

隋唐之際寫卷，題署安樂年號者極希，故此卷極爲珍貴。且値隋唐過渡期，其書法益是深値留意。尾題經名與題記間，書有一行四句：「寫妙法功德　普施於一切　同證會眞如　速成无上道」。此行日人神田喜一郎氏以爲：「後人所書」（註四），今審其筆跡不同，當非同時同人所寫，其爲後人增書，殆是無疑，神田喜一郎氏之說，當可信據。卷豎約二六公分，楷書體，今藏日本、東京、書道博物館。

書法淳樸自然，溫雅圓蓄，頗有晉人風致，雖處隋唐楷眞盛行之際，卻無其方整健俊，遒秀端麗風氣，於時代書風中，誠能獨標韻致，自具特色。此或亦因鼎革兵亂，無心藝事，而有此風也。雖非楷眞正傳，然亦無失規矩法度也。

如圖編三八：觀其用筆，多使圓筆藏鋒，故覺內斂含蓄。起落束收，自然中時見留心，遂能鋩錣不出，體勢圓融。雖無方麗俊發之氣，卻有圓樸和雅之致，頗能自得。而亦由此韻致，殆可臆知此筆鋒毫，已非新銳者矣。筆畫粗細之間，差異不顯，運毫著力，頗能均和。橫勒筆勢，傳統之「首尖尾頓」與楷法之「首尾頓按」，皆不顯著，以其著力均和且逕以自然起收故也。如諸「長」字、「摩」字、「詰」字、「難」字、「諸」字、「大」字等。波磔亦自然按筆捺出，不見刻意鋪毫托刀，如諸「文」字、「殊」字、「舍」字、「及」字、「天」字、「大」字等是。甚有鋒毫逕斂而不出者，如首行「長」字、二行「衆」字者是。

鈎趯表現尚稱佳好，如「已」字、「利」字、「脩」字、「說」字、尾題「第」字等是。然亦有不佳美者，如首行「等」字、二行「阿」字等，即嫌疵敗。點側之勢，尚稱豐潤，如諸「利」字、「等」字、「說」字、「皆」字、「歡」字等。直豎之筆，「懸針」與「垂露」俱見，如「弗」字、「佛」字、「所」字即懸針者；「維」字、「脩」字、「衆」字即垂露者，二法迭用，尚能知變。綜論本卷用筆之法，要以自然、和順、平實爲主，無甚特異處，其變化尺度亦小，自難與先前諸卷比論。

本卷結體，雖仍是楷體之方正規整，然卻較隋楷爲自由多貌。其字體之方圓、正斜、大小、長短等，皆極具態勢，尤以題記部份，益是變化多端。正文字例如：首行「者」字之撇筆，長而速勁，使全字振振欲飛。「者」下「雒」字，右文「隹」部上縮，體勢怪異。「弗」字懸針豎筆之延長「撐拄」。二「阿」字用筆之「避重」等，皆其可述者也。而題記部份如：首圖末行「浪」字水旁之「上挪」，「成」字末點之「下移」，「想」字全形之斜向，「影」、「形」二字末筆之變長點，次圖末行「俱」字其長橫以載左「亻」等，皆極新異可觀。

章法亦是南北朝、隋以來寫經傳統，其體式不因戰亂而變更也。本卷直行橫列，尙是對齊，行亦足書十七字。惟正文、尾題、題記、置年四者間，皆空行而書，足見書者於全卷章法安排之愼心，亦不因戰亂而稍減也。夫經生寫經，亦功德事也，具誠虔愼心，無或變焉。本卷題記，亦楷書而寫，惟字體較小且用筆隨和，而降格低書，則賓主可分矣。尾題與題記間之四句語，由書法而斷，可知乃後人所補，說已見前。今若再證以章法布排，益可曉然矣。

俗字者有：「歡」作「歓」，「竊」作「竊」，「演」作「演」，「導」作「導」，「考」作「考」，「靈」作「霊」，「嚴」作「嚴」，「惡」作「悪」，「習」作「習」，「行」作「仃」，「瑠」作「瑠」，「璃」作「瑀」等。

近時書蹟有：秦王告少林寺主教碑（六二一）、救護衆生惡疾經卷（六二三）、孔子廟堂碑（六二七）等。秦王告少林寺主教碑，整麗有法。救護衆生惡疾經卷，樸野隨意。至夫孔子廟堂碑，則乃虞公名作，唐代不朽法書也！本卷若與三者較論，則在孔子廟堂碑之下，固無論矣，然卻可與秦王告少林寺主教碑比肩，而又自在救護衆生惡疾經卷之上也。本卷書法雖非佳絕精善者，然其書史地位，過渡之蹟，卻可昭然世間！

三九、臨智永真草千字文殘卷　唐太宗　貞觀十五年（六四一）

此臨智永眞草千字文殘卷，僅存卷尾三十四行，眞、草書各一百七十字，其配字與關中本、日本小川本全同，即始於「（侍巾）帷房」之句，終於「焉哉乎也」。原物乃三枚茶褐色楮紙接合，全長約一〇二公分，上下約二五、三公分。此卷看似絹本，實因巴黎國立圖書館、東方部，爲保護敦煌寫卷，於正、反二面貼以透明薄絲之故。卷末有題記云：

貞觀十五年七月，臨出此本，蔣善進記。

知此卷乃於貞觀十五年（六四一）七月，由蔣善進所臨出。蔣善進雖史無載記，無能知其生平事蹟，然由題年與書蹟，可知其乃初唐貞觀間之一能書妙手。卷今藏法國、巴黎國立圖書館，P三五六一號。卷尾題記前之上元年號，乃後人增書，非臨寫時年月也。（註五）

書蹟兼存眞、草二體，茲即分楷、草二部，述論於后。

㈠楷書

楷書端整雅秀，俊麗英挺，行筆暢適，氣度雍容，確能繼軌永師，而神追二王。如圖編三九：觀其用筆，率多尖鋒入筆，復轉中鋒，故妍麗俊秀中，又帶渾融勁實，筆勢自亦方圓並濟，剛柔相成，其稱奇稱絕，蓋非虛譽。而筆畫粗細間，用鋒提按輕重，使轉運折等，並皆精練純熟，融法於無形，遂能妙造自然，體勢精絕。橫筆傳統「首尖尾頓」法勢，比比可見，蓋因臨寫智永之書故也。永師書本即多尖鋒入筆者，此法勢可由敦煌寫卷，而觀知其脈流與時風。如首圖：「煌」字、「畫」字，二圖：「熱」字、「驢」字、「特」字、「躍」字，三圖：「曜」字、「薪」字等，舉目多是，爲本篇重要之筆法特色。點側之法，筆多出鋒自然頓下，遂多覺腴秀豐潤，渾然天成。如首圖：「燭」字、「煌」字、「酒」字、「謙」字，二圖：「想」字、「浴」字、「亡」字、「射」字、「遀」字，三圖：「朗」字、「祜」字、「廊」字，末圖：「孤」字、「寡」字等是。

努豎之勢，起筆著力明顯，多成曲頭。如首圖：「接」字、「杯」字，二圖：「特」字、「誅」字、「捕」字、「布」字、「射」字，三圖：「引」字、「束」字，末圖：「俳」字等是。而「懸針」、「垂露」二法，亦並使迭用，各臻佳妙。「懸針」者有：首圖：「舉」字，二圖：「布」字，三圖：「仰」字、「廊」字、「帶」字等，尖勁挺直，氣勢凌厲；「垂露」者有：首圖：「杯」字，二圖：「躍」字，三圖：「曜」字、「脩」字、「矩」字、「引」字，末圖：「俳」字、「聞」字等，圓凝內斂，氣勢雄渾。

鉤趯之筆，變化多態，各有勢能。「心鉤」者如：「想」字、「懸」字、「愚」字；「戈鉤」者如：「眠」字、「賊」字、「哉」字；「掬月鉤」者如：「紈」字、「執」字、「熱」字、「丸」字、「阮」字、「魄」字、「眺」字、「也」字；「向左鉤」者如：「特」字、「射」字、「永」字、「

俯」字、「等」字、「謂」字等，並皆佳美精善。尤以「心鈎」與「掬月鈎」，最具圓弧勁勢。然亦有稍嫌疵敗者，如「璣」字、「脩」字、「聞」字、「諂」字等，即嫌其靡力失勢。策挑之法，可謂楷書筆勢中，最具速度與動能者。如首圖：「洒」字、「接」字，二圖：「浴」字、「熱」字、「盜」字、「捕」字，末圖：「俳」字、「孤」字、「助」字等，毫毛速捷健勁，意氣昂揚。尤以「盜」字，揚鋒特長，氣射長虹！

撇畫之筆，亦有可述，無論長「掠」短「啄」，皆具氣象。如首圖：「房」字、「夕」字、「笋」字，二圖：「執、熱、願」三字、「獲」字、「琴」字，三圖：「魄」字、「領、俯、仰、廊、廟」五字，末圖：「俳、佪、瞻」三字、「孤」字、「者」字等，或短勁方俊，或長引發皇，各展體勢。波磔則多溫雅潤和，與「懸針」、「策挑」、「啄掠」等之發揚蹈厲者異趣。如首圖：「寐」字、「床」字、「舉」字、「足」字，二圖：「浴」字、「超」字、「誅」字、「獲」字、「遣」字、「琴」字，三圖：「旋」字、「環」字、「永」字、「矜」字，末圖：「蒙」字等，運筆緩急適度，雍容自然，端雅靜穆，風神凝遠，深具虞書風矩。而世南書學智永，故蔣氏之書臨永師而至得其神髓者，此處又可見之也。

至夫「轉折」之處，率以「圓筆絞轉」爲使，此蓋亦永師慣用之法也，蔣氏臨摹，甚能得之。而筆畫間之游絲映帶，亦能深得永師「活絡血脈」之心法！

綜論本卷楷體用筆，可謂「八法」賅備，俱臻佳妙，雖偶有瑕疵，然終不掩瑀璧之美。而方圓使轉，游絲牽映，亦皆永師本色也。

結體自亦楷書本色，以端正方謹，布白均整爲主。然大小、長短、方圓、正側等，則多所變化與隨情。如「房」字、「晝」字、「薪」字、「蒙」字等，即顯縱長；而「莊」字、「孤」字、「也」字等，則覺橫短。「願」字、「驢」字、「騾」字、「特」字等，體較方正；而「酒」字、「執」字、「丸」字、「駭」字等，勢多圓側。他如「潔」字水旁之上聚，顯得上大下小；「超」字之有如山勢下頽；「斡」字努豎延長以爲「撐拄」；「照」字則「左右分疆」；「東」字中豎曲筆，使全形搖曳阿娜；「焉」字之四平八穩等，皆亦可道述者也。

章法眞、草相間，左右配置，各自應對，無有逾失。惟三圖：「廊廟」二字，草書誤倒，而以乙倒符「✓」正之。除此而外，全篇排列整齊，秩序井然。每行十字書滿，分行布白，極爲寬博舒朗，清爽閑適，與書蹟妙墨，相得益彰，互添光釆。加以墨色晶瑩，其光輝閃爍，益足以照耀千古矣！卷末尾題，雖後人任意落書塗寫，然終不蔽日月之明，其不朽與永存，殆可同諸天地！

俗字者有：「寐」作「寐」，「筍」作「笋」，「執」作「埶」，「熱」作「熱」，「遼」作「遼」，「斡」作「斡」，「莊」作「庄」，「眺」作「眺」，「孤」作「孤」，「寡」作「寡」，「焉」作「爲」等。

㈡草書

關於本卷草書，尤具特色。

書法腴潤遒勁，流麗暢快，筆勢自然豪放，而又不失雍容嫻雅。體雖「結構省簡，筆劃糾連」（註六），然卻法度謹嚴，規矩不失。可謂融法於無形，全以神遇心使，是以書勢特能超凡入聖，妙造天合，雖云臨寫倣摹，實亦自出機抒，自有襟懷。

如圖編三九：觀其用筆，其尖鋒起收蹟象，較楷書尤為明顯，而中鋒運轉之勢，亦較楷書更為自然雄渾。故本卷草書之宕蕩流麗，雄渾奔灑風勢，乃非楷書所可比擬，而作者情懷，亦賴此而得以奔騰馳騁，展露無遺。

筆畫之粗細、輕重、大小、長短、方圓、正側、曲直等，俱皆隨情運使，任心造化，以筆法翰墨，皆已精熟於胸中也。雖云點畫筆勢，皆精熟自在，然亦無失規矩，細察詳觀，其法可出焉。

本卷草書筆法，約有數點特色：

1.起筆多尖　此法無論眞、草率皆如此。可謂蔣氏筆法第一特色，蓋亦永師筆法之第一特色也。

2.收筆非尖即圓　此法亦是眞、草二體共有之勢，惟草書特為明顯自然。如首圖：「員」字、「夕」字、「接」字，二圖：「願」字、「斬」字，三圖：「永」字、「綏」字、「步」字、「仰」字等即是。

3.提按明顯　本卷草書提按之法，至為明顯。著力輕重有別，字之風神體貌乃出，情意亦因是而得以抑揚頓挫，舒卷風雲。如首圖：「帷」字、「燭」字、「手」字、「頓」字，二圖：「想」字、「特」字、「丸」字，三圖：「朗」字，「懸」字，「步」字，末圖：「俳」字、「佪」字、「愚」

字、「助」字、「也」字等，俯拾即是。

4.轉折多圓　本卷草書轉折處，多使「圓筆絞轉」，故覺圓潤婉容，溫雅渾勁。此蓋亦永師運筆心法也。如首圖：「納」字、「扇」字、「潔」字、「象」字，二圖：「驟」字、「斬」字、「射」字、「遼」字、「嵇」字，三圖：「懸」字、「綏」字、「劭」字、「帶」字，末圖：「孤」字、「愚」字、「助」字、「也」字等，亦處處可見。

5.牽連得宜　「筆劃糾連」、「游絲銜運」，本即草書特色，惟本卷運用至爲精妙，字之風神情義，乃得盡出。王氏風範，於焉復現。如首圖：「納」字、「寐」字、「讌」字、「接」字，二圖：「驢」字、「驤」字、「獲」字、「遼」字、「嵇」字，三圖：「璣」字、「懸」字、「步」字、「帶」字，末圖：「愚」字、「蒙」字、「語」字、「助」字、「乎」字等，篇中所在多是。

6.血墨充足　「墨」者，字之血也，字欲生龍活虎，神彩煥發，須有足墨以相應，無之，則枯敗矣。本卷草書，血墨至爲精瑩豐足。如首圖：「燭」字、「煌」字、「酒」字、「讌」字、「矯」字、「手」字，二圖：「駭」字、「誅」字、「叛」字、「遼」字，三圖：「懸」字、「斡」字、「俯」字、「仰」字、「廟」字，末圖：「俳」字、「佪」字、「陋」字、「助」字等是。

以上六點，乃其顯著要者，簡要論述，以明其特色云。

至夫結體，自非楷書般機械方整，其神明變化處，直可謂漢字書體中之騏驥，馳騁縱橫，無不自得。體勢之方圓正側，大小長短，俱隨神思與情會而營，故特具情性。如「扇」字其形即似圓扇；「

瑋」字則有如二立燭；「眠」字之「挑攏」而使布白疏密懸殊；「特」字之二點斜峙；「賊」字之聳長；「懸」字之縈繞；「幹」字之「撐拄」；「帶」字之狀似蓮花；「等」字之欹斜；「也」字之盤坐等，皆極具意象，而甚有情致。然本卷草書結體之超妙者，實又在意象之外，而不可以言傳也。

本卷章法，前已詳說，不復贅述。惟有一處，特可舉論，即末圖正文尾行，草書「誚」、「謂」二字之連書。此二字之連筆，勢粗且長，全卷正文三十四行，凡三百四十字，未有作如此章法者，此獨如此，誠是奇異，其爲永師原作如此耶？抑蔣氏興來之筆耶？雖未可知，然此法之傑特，實堪矚目。

近時書蹟甚多，名作亦夥，如：汝南公主墓誌（六三六）、溫彥博碑（六三七）、裴鏡民碑（六三七）、伊闕佛龕碑（六四一）、金剛般若波羅蜜經（六四一）、段志玄碑（六四二）、孟法師碑（六四二）、陸讓碑（六四三）、晉祠銘（六四六）、溫泉銘（六四八）、孔穎達碑（六四八）、妙法蓮華經卷第五（六四六）、文安縣主墓誌（六四八）、思順坊老幼等造彌勒像記（六四八）等。此期書作與名蹟雖多，然本卷置諸其間，卻可昂首濶步，無有愧色，即使太宗皇帝、初唐三家，亦不能使其臣服也。以愚拙見，本卷之眞，草墨蹟與書史地位，誠可超越同時諸作，而稱冠此際！雖太宗皇帝，初唐三家，亦不能無歎也。識者可深察之，諒不河漢愚言。

智永眞、草千字文，傳之今日，最要者有二：一爲墨蹟小川本，今在日本藏小川簡齋氏。一爲石刻關中本，北宋大觀間刻於關中。小川本雖是眞蹟，或疑爲唐人所摹，關中本爲石刻，去眞跡又遠矣，本卷則確爲唐人蔣善進所臨。三者若並展，較觀，則各有千秋，惟二眞蹟本較有可論。蔣本與小川本並較，除可勘知字形別異外（註七），其書風亦有不同，蔣本較爲溫和雅秀，小川本則較爲俊發俏麗，二者實有文野謹肆之別。至夫二者間之精微異同，則有待來哲。

四〇、阿毗曇毗婆沙卷第六十　唐高宗 龍朔二年（六六二）

此阿毗曇毗婆沙卷第六十，書於唐高宗、龍朔二年（六六二），卷末有序文及題記。題記云：

龍朔二年七月十五日，右衞將軍鄂國公尉遲寶琳，與僧道爽及鄂縣有緣知識等，敬於雲際山寺，潔浄寫一切　尊經，以此勝因，上資

皇帝、皇后，七代父母，及一切法界蒼生，庶法船鼓栧，無溺於愛流，慧炬揚暉，靡幽於永夜，

釋擔情塵之累，咸昇正覺之道。

此經即於雲際上寺，常住供養。　經生沈弘寫。用紙十七張。

造經僧道爽別本再校訖。

知此卷由經生沈弘所寫，僧道爽校訖。題記中尉遲寶琳者，乃尉遲敬德之子（註八）。卷縱二七、八公分，橫八一、八公分，卷首殘，楷書體，今藏日本、東京、書道博物館。

此卷與P二〇五六號：阿毗曇毗婆沙卷第五十二，於書法和題記俱同，當乃同時同人同經不同卷之作。阿毗曇毗婆沙卷第五十二，爲北凉、浮陀跋摩及道泰等所譯，本卷阿毗曇毗婆沙卷第六十，當亦浮陀跋摩、道泰等之譯本，而非玄奘所出者也。

書法圓勁遒美，腴潤秀麗，風格暢適，體方筆圓，可稱初唐經生書之上乘佳作，爲能自樹面貌，自展風格者也。

如圖編四〇：觀其筆法，起筆多尖，而收筆多圓，落筆多出鋒，而結筆多藏鋒，乃知其用筆爲尖鋒側筆入毫，旋即轉運中鋒，末則頓鋒提收，故能有此起尖收圓之風格特色。此法源遠流長，如本文首圖：太上玄元道德經（二七〇）即用此筆法，後經兩晉、南北朝、隋等，皆代見名作，屢見不鮮。本卷運筆可謂承風繼流，其來有自。筆畫粗細之間，差異明顯，大抵始筆多細而末筆多粗，橫筆多細而他筆多粗，提按輕重，顯而易見。橫畫主以傳統「首尖尾頓」筆法爲主。而「釘頭」筆勢，本卷又復見之，如二行「葉」字、三行「粗」字、四行「丘」字、六行「眞」字、七行「武」、「且」二字、諸「來」字。「卷」字等，不乏其例。楷法之「首尾按頓」自亦並存，如二行「不」字、五行「有」字，諸「十」字。「大」字、「一」字、「百」字、等即是。

波磔堪稱本篇重要特色：或「金刀」捺出，如諸「今」字、「美」字、「來」字、「卷」字、「又」字、「延」字、「八」字、「大」字、「破」字、「收」字、「人」字等，體勢雄健方勁，俱是楷捺本色。或圓筆駐收，如諸「之」字、「挻」字、「造」字、「迦」字、「後」字、「零」字、「落」字等，圓勁潤暢，有如珠圓玉潤般可愛。或反捺頓收，如諸「敞」字、「微」字、「緣」字、「參」字、「欣」字、「度」字、「拾」字等，勢態勁挺傑特。或介於「金刀」與圓收之間者，如二行「遇」、「之」二字、四行「後」字、六行及八行「揵」字等，具溫雅並蓄之美。本卷波磔，可謂體勢多貌，變化靈活，不拘泥一法也。

鈎趯表出，尚稱健勁挺拔，如諸「未」字、「聞」字、「時」字、「列」字、「事」字、「滅」字、「阿」字、「心」字、「武」字、「得」字等是。惟常有隱鋒不出者，如二行「挺」、「誠」二字，諸「來」字等即是，頗覺氣韻內凝。點側之筆，態勢至多，並能自然得勢，如諸「未」字、「於」字、「時」字、「以」字、「造」字、「八」字、「六」字、「分」字等。尤以「八」字、「分」字二點，居全字關要，勢如點睛。撇掠筆畫，表現甚爲傑出，其力度、弧度、態勢等，俱精勁姣好，俊秀挺健。如諸「庶」字、「令」字、「不」字、「列」字、「卷」字、「又」字、「度」字、「沙」字、「大」字、「在」字等是。其粗細、立斜、長短等，皆能應體而設，得其所宜。

結體於楷書之方正端謹，布白均諸之外，又帶一份迭蕩情意。如諸「之」字之撐篙前進；二行「預」字之婀娜側向；諸「造」字之乘風行舟；諸「度」字之跨步進行；末行「盡」字之挺身仗勢等，皆極具態勢意趣。而首行「庶」字之曳撇；諸「來」字之重捺；諸「以」字之左右分峙；三行「哲」字之挪讓；諸「阿」字之聚上垂下；四行「心」字之橫扁與粗右細左；五行「子」字之低頭；二「八」字之避重；諸「十」字、「重」字之重心右移等；亦皆變改平整間架，而構以新體之得趣者。足見書者沈弘，乃一知法通變，深富情趣之人，其書法與情韻，皆別具風格，而值愛賞。

此外，另有一事可論，即接筆「十字搭」之屢出常見。如諸「令」字、「美」字、「來」字、「大」字、「破」字、「落」字、「拾」字等即是。此體法前已有之，筆者於前篇隋文帝、開皇八年（

五八八）：思益經卷第四（圖編二九），業已論及，今此卷頗見，益可明其深値留意與研究。

章法依是楷書寫經體式之規整。直行橫列，對峙有序，分間布白，亦極均諧。而卷尾題記，亦楷書而寫，字體雖小，然書風無異，故全篇風格一致，神采一貫，極具「統一」、「和諧」之美。且題記中「擡頭」之法，講究甚明，其用心與誠敬，亦足稱許。

俗字者有：「垂」作「埀」，「竊」作「竊」，「延」作「延」，「度」作「度」，「龍」作「龍」，「朔」作「玥」，「遲」作「遟」，「爽」作「㸙」，「庶」作「庻」，「船」作「舩」，「再」作「再」等。

近時書蹟至多，名作亦衆。如：薛收碑（六五五）、高士廉塋兆記（六五五）、韓仲良碑（六五五）、聖教序（六五七）、張胤碑（六五八）、李靖碑（六五八）、王居士塼塔銘（六五八）、尉遲敬德碑（六五九）、蘭陵公主碑（六五九）、紀功頌（六五九）、王行寶造觀音像記（六六〇）、許洛仁碑（六六二）、道因法師碑（六六三）、同州聖教序碑（六六三）、杜君綽碑（六六四）、淸河公主碑（六六四）等。以上皆爲石刻書蹟，率多不脫初唐瘦勁秀美之風，雖各有風色，惟非眞蹟，乏缺墨韻神采。本卷置諸其間，自以翰墨元神稱勝。而俊美遒勁，不在李靖碑、王居士塼塔銘之下，若夫珠圓玉潤，則是二者所無。韓仲良碑，健挺方俊，架勢開張，非本卷可擬，然流宕生姿，情意暢適，則本卷稱勝。道因法師碑，雖有家風，惟險峻過之，本卷與之相較，則顯溫和謹蓄。同州聖教序，歷稱褚書，骨氣特爲健勁，本卷視之，則顯肉腴韻足。

綜論本卷書法，較之同期諸作，則能自樹面目，無有遜卻。縱使帝王大臣，亦未能凌之，沈弘雖只經生，然書法功力，卻可儕視名家。

四一、洞淵神祝經誓魔品第一　唐高宗　麟德元年（六六四）

此洞淵神祝經誓魔品第一，乃道教經典，寫於唐高宗、麟德元年（六六四）七月廿一日。此乃今日可見知敦煌道經寫卷之第四張題有年時者，前此三張爲：三國、吳歸命侯、建衡二年（二七〇）之太上玄元道德經（圖編一），南朝、梁元帝、承聖三年（五五四）之太上洞玄靈寶妙經衆篇序章（今藏日本、京都博物館二五三號），及S二二九五號：隋煬帝、大業八年（六一二）之老子變化經（圖編三五）。本卷末有題記云：

麟德元年七月廿一日，奉　勑爲皇太子於靈應觀爲

初校道士李覽

再校道士嚴智

三校道士王感

專使右崇掖衞兵曹參軍事蔡崇節

使人司藩大夫李文暕

知此卷乃爲皇太子於靈應觀所寫。卷中書寫體式，俱與佛經寫卷無異，惟此卷已出現避諱字，如「淵」、

「世」、「民」、「愍」、「治」等，字多缺筆，知此乃避：高祖、李淵，太宗、李世民，及本朝高宗、李治三人之諱。卷縱二六公分，橫四〇〇公分，色黃，楷書體，今藏法國、巴黎國立圖書館，P三二三三號。

本卷：洞淵神祝經誓魔品第一，「祝」字即「呪」字，蓋唐時「呪」或作「祝」也。與P二四四四號之洞淵神呪經斬鬼品第七，當是同書之裂，其末題：

麟德元年七月廿一日，奉　勑為皇太子於靈應觀寫

道士李覽初校

道士輔儼再校

道士馬詮三校

專使右崇掖衞兵曹參軍事蔡崇節

使司藩大夫李文暕

所差惟校人耳，姜氏以為：「兩卷皆官書也」，當是。（註九）

書法方整俊麗，遒勁秀美，風神爽朗，筆勢流宕，深具褚書韻致，而卻又自有風格，堪稱初唐寫經之上乘傑作。

如圖編四一：觀其用筆，極為流利純熟，自由暢快，起筆與殺筆，率皆逕起直收，不稍遲疑，足見書者於筆法與間架，已諳熟胸中，無有窒礙。尤以毫尖之運使，極見巧妙與心得，無論頓點折轉，

行止緩急，皆能自然入妙，精當得宜，其功力與情意，實不在三大家之下也。雖起筆多有折鋒曲頭現象，然此乃尖鋒運筆時，曾有之狀，適足成一特色也。而筆畫粗細之間，變化有致，尤見其提按使力之精宜，其傑出與風範，足可傲視群倫矣！

橫筆多較細長，傳統「首尖尾頓」與楷書「首尾頓按」之法，兼融並用，適體而書。而橫畫「釘頭」現象，出現頗多，如二行「言」、「吾」、「昔」、「量」四字，三行「方」字，五行「說」字、「三」字，六行「教」字，八行「者」字，末行「哭」字，「音」字等，此乃尖鋒運行提頓所致也。惟本卷橫筆特色，乃在其細勁瘦長，且帶彎曲。如諸「量」字、「眞」字、「三」字、「說」字、「等」字、「尊」字、「者」字、「哭」字、「音」字、「言」字、「五」字、「長」字、「專」字、「卒」字、「黃」字、「其」字等，觸目多是。此勢乃褚書橫筆特色所在，本卷頗能得其神貌，深可稱許。點側之筆，態勢甚多，如諸「心」旁、「水」旁、「言」旁、「系」旁、「火」旁等，點法並皆自然逞態，動宕洋溢。尤以橫火四點，如諸「然」字、「焉」字、「熟」字、「煞」字、「炁」字等，銜運映帶，如波起伏，最能得趣。

直豎較橫勒爲粗，且多「垂露」體勢，如諸「下」字、「情」字、「中」字、「不」字、「赤」字、「取」字、「侯」字、「卒」字等，垂露收筆明顯，極爲內凝，尤以「取」字、「侯」字等，實已有「瘦金書」先聲。「懸針」者，亦有其例，如諸「神」字、「奉」字、「師」字、「布」字等，細直堅勁，頗具風骨。鈎趯筆勢，健勁速捷，造形姣美。「心鈎」者，如諸「慰」字、「隱」字、「

悉」字、「惡」字、「心」字、「怨」字、「愚」字等，彎弧圓美，橫平而置。「掬月鈎」者，如諸「祝」字、「說」字、「无」字、「化」字、「九」字、「礼」字、「地」字、「乱」字、「鬼」字等，彎轉與趯鈎，皆極得勢。「向左鈎」者，如諸「洞」字、「明」字、「列」字、「外」字、「問」字、「尊」字、「聞」字、「國」字、「行」字、「身」字等，趯鋒特顯。尚有一法，表現至爲特出，即「橫鈎」是也。如諸「學」字、「當」字、「害」字、「霍」字、「官」字、「受」字等，橫畫至細，折鈎變粗，對比強烈，態勢險奇，堪可矚目。

撇掠之筆，則具堅勁與速度，如諸「諸」字、「者」字、「欲」字、「嗟」字、「多」字、「領」字、「霍」字、「唯」字等是。而較長之撇，筆末多呈上彎，如諸「天」字、「大」字、「更」字、「太」字、「炎」字、「奉」字、「哭」字、「丈」字等，意態昂揚，精神抖擻。此法由來已久，如前篇：金光明經卷第二（圖編六）、雜阿毗曇心經卷第六（圖編七）、大般涅槃經卷第四十（圖編一一）、成實論卷第十四（圖編一三）、老子變化經（圖編三五）等，皆已有之，而褚遂良書中，亦常見及，故本卷承流之蹟明顯，可謂學有所本矣。

波磔筆勢，可稱本卷用筆特色之一，體勢方圓俱足，而直中帶曲，最得褚書風神。方者如諸「天」字、「人」字、「大」字、「外」字、「更」字、「教」字、「炎」字等，方捺托刀，乃楷磔本色；圓者如二行「道」字、七行「從」字，次圖：三行「叛」字、四行「致」字，及諸「之」字等，極爲圓潤腴蓄，乃其變化處也。而諸「天」字、「人」字、「更」字、「起」字、「太」字、「今」字、

「之」字、「丈」字、「受」字等之曲筆，眞能得褚捺之三昧！尤以諸「道」字、「遣」字、「遊」字之「辶」旁，直若褚公所出，眞歎其神肖！

結體於楷書方整均協中，多能自出新意，展其變化。如首圖：「誓」字之「挪讓」；「慰」字、「聽」字、「迷」字之斜菱形；「外」字之捺筆「挑擲」；「眞」字、「哭」字、「音」字之橫筆特長。次圖：「衆」字之左右突伸；「熟」字、「煞」字、「无」字下四點之牽連。末圖：「伏」字末點之「黏合」；「勿」字之「漸層」等，皆其突破楷範而通變者也。而首圖：二行「量」字、六行「展」字、末行「今」字，次圖：首行「起」字、二行「欲」「風」二字、六行「遣」、「長」、「丈」三字、七行「遊」字、末行「其」、「人」二字等，其全字神貌，皆極似褚書，識者可深察之。

本卷首尾完具，體制章法，可一覽無遺。卷子起始，先有首題：「洞淵神祝經誓魔品第一」，接即緊書正文不空行，正文仍是楷書寫經體式，直有行、橫有列，行十七字，惟本卷橫列不甚對齊，頗覺錯落參差，蓋是其自由隨情處也。而正文末句，連書四「叱」字，至爲奇異。正文寫畢，空一行而書尾題：「洞淵神祝誓魔品第一」，二題字間皆較正文爲密，且尾題少一「經」字，此其可注意者。再空一行，即書題記。題記依體式而寫，極爲均整有法，由此而觀，其爲官書無疑。而特可注意者，乃其字體極小，與正文成懸殊對比，此爲歷來經卷所罕見，蓋是新制者也。

本卷俗字多而且奇，如：「四十」作「卌」，「聽」作「聴」，「隱」作「隐」，「誶」作「誶」，「哭」作「尖」，「整」作「愸」，「嗟」作「咾」，「觳」作「榖」，「圖」作「啚」，「害」作

「害」，「享」作「亯」，「歷」作「𤯝」，「侯」作「𠊱」，「氣」作「炁」，「卒」作「卆」，「霍」作「靃」，「剛」作「罰」，「再」作「再」等。不一一枚舉也。

近時書蹟亦多，有：許洛仁碑（六六二）、同州聖教序碑（六六三）、道因法師碑（六六三）、杜君綽碑（六六四）、清河公主碑（六六四）、紀國先妃陸氏碑（六六六）、華陽觀王洪範碑（六六七）、王尹農造阿彌陀像記（六六八）等。許洛仁碑，書法遒勁，似隋、賀若誼碑。同州聖教序碑，遒逸婉媚，特具骨力。道因法師碑，筆力勁險，深得家風。杜君綽碑，字多磨滅。清河公主碑，勁峭奇偉。紀國先妃陸氏碑，娟秀有致。華陽觀王洪範碑，體在歐、褚之間。王尹農造阿彌陀像記，稚拙樸野。以上諸碑，皆自有風色，而以同州聖教序碑，與道因法師碑較著。然同州聖教序碑，失之多骨，而少風華；道因法師碑則險奇過於其父；本卷方整俊麗，遒勁秀美，深得褚書風神，而又不失端雅，可在二者之上也，餘書則難作匹敵矣！

本卷洞淵神祝經，乃道教重要經典，凡分十品。世傳已無全本，敦煌寫卷中第一品尚有P三二三三。第四品有S三四一二卷及S三三八九卷。第五品存P二八九四卷、P二九五九兩卷。第六品誓解品有S九三〇卷。第七斬鬼品今存S三一八卷、P二四四四及P二四七三等三卷。第八品存P二三六五、P二四二四。第九逐鬼品存P二四七三、P三三〇九兩卷。第十品存P二三六六卷。（註一〇）

四二、妙法蓮華經卷第三　唐高宗　咸亨二年（六七一）

此卷妙法蓮華經卷第三，書於唐高宗、咸亨二年（六七一），由書手程君度所寫。卷末有題記云：

咸亨二年五月廿二日，書手程君度寫。
用麻紙十九張　　裝潢經手王恭　　詳閱大德靈辯　　詳閱大德嘉尚
詳閱大德玄則　　詳閱大德持世　　詳閱大德薄塵　　詳閱大德德慈
太原寺主慧立監　　太原寺上座道成監
經生程度初校　　大揔持寺僧大道再校　　大揔持寺僧智安三校
判官少府監掌冶署令向義感
使太中大夫行少府少監兼檢校將作少匠永興縣開國公虞昶監

由此題記載錄之詳實可知，此乃唐代官書本也。官本寫經，多有監臨大吏，本卷即由向義感、虞昶所監造者也。虞昶乃虞世南之子，世南於貞觀七年（六三三）轉秘書監，賜永興縣子爵，八年（六三四）進封縣公，昶世襲世南之爵，故卷稱「永興縣開國公虞昶」。由「虞昶監」之敦煌寫卷頗多，大略如左：

1.S〇〇八四號　妙法蓮華經卷第五　題記：咸亨二年十月十日，經生郭德寫　用紙廿一張　⋯
2.S三〇七九號　妙法蓮華經卷第四　題記：咸亨二年十月十二日，經生郭德寫　用紙廿二張
⋯⋯
3.P四五五六號　妙法蓮華經卷第二　題記：咸亨三年二月廿五日，經生王思謙寫　用紙二十張

……

4.P二六四四號　妙法蓮華經卷第三　題記：咸亨三年三月七日，經生王謙寫　用紙十九張……

5.S四二〇九號　妙法蓮華經卷第三　題記：咸亨三年四月十五日，門下省羣書手趙文審寫　用小麻紙一十九張……

6.S〇〇三六號　金剛般若波羅蜜經　題記：咸亨三年五月十九日，左春坊楷書吳元禮寫　用麻紙十二張……

7.S四五五一號　妙法蓮華經卷第四　題記：咸亨三年八月廿九日，門下省羣書手劉大慈寫　用紙貳拾貳張……

8.S二五七三號　妙法蓮華經卷第二　題記：咸亨四年九月十七日，門下省羣書手封安昌寫　用紙二十張……

9.S〇三一二號　妙法蓮華經卷第四　題記：咸亨四年九月廿一日，門下省羣書手封安昌寫　用紙廿二張……

10.S〇四五六號　妙法蓮華經卷第三　題記：咸亨五年八月二日，左春坊楷書蕭敬寫　用紙十九張……

以上諸卷，皆爲官本寫經，然虞昶當時所監造者，當不止此數。本卷長八三八、二公分，暗黃色，楷書，今藏倫敦、大英博物館，S五三一九號。

書法工整均諧，端雅秀麗，運筆間架，皆用心留意，絲毫不苟，堪稱唐代楷書寫卷之表率。

如圖編四二：觀其用筆，起始束收，皆細心留神，鋒芒不虛出，筆勢不輕揚，要以平正溫雅爲主。筆鋒之方圓正側，應體而用，多能穩當得適，而筆畫粗細之間，亦多能均平合宜。橫畫傳統「首尖尾頓」與楷書「首尾按頓」筆法，並使齊用，自在運使。而「釘頭」折鋒現象，本卷亦有之，如諸「是」字、「諸」字、「具」字、「菩」字、「其」字、「梨」字、「亦」字、「說」字、「言」字等是。本卷結體雖以方整爲主，然長橫細筆，仍可見之，如諸「亦」字、「具」字、「菩」字、「尊」字、「其」字、「諸」字、「說」字、「言」字等是，褚書風矩不減。

豎筆「懸針」多較細長，如諸「佛」字、「師」字、「聲」字等；而「垂露」多呈粗短，如諸「亦」字、「十」字、「非」字等是。鈎趯體勢，各法皆極健勁有力：「心鈎」者如諸「億」字、「惡」字、「息」字等；「掬月鈎」者如諸「光」字、「无」字、「見」字、「說」字等。而「向左鈎」與「戈鈎」，堪稱本卷用筆特色之一，「向左鈎」者如諸「門」部之字、「得」字、「側」字、「阿」字、「別」字等，挺拔健勁，力韻十足；「戈鈎」者如六行「餓」字、末行「義」字等，其弧度、力度、斜度，俱精善佳絕，風骨高騫。而諸「爲」字之「曲腳鈎」亦精妙姣好，特具圓勁。

波磔之筆，可謂本篇醒目特色，其波身、波刄、弧度等，皆恰到好處，極是美妙。如諸「是」字、「道」字、「逝」字、「夫」字、「天」字、「人」字、「金」字、「及」字、「尒」字等即是。

結體乃是楷書規整本色，方正端謹，布白均稱，無有怠慢處，可謂愼心之至。惟細心觀讀，仍有其特色與變化處，如諸「佛」字之「穿插」；諸「文」字、「人字」之曳足；諸「餓」字、「義」字之「挑搲」；六行「阿」字之向勢；七行「及」字之重筆鎮中；諸「法」字之上出；諸「切」字之束下展上；二圖四行「槃」字之「挪讓」等，皆其可留意者也。而尚有一法，頗可標舉，即：筆畫稀少之字，勢多粗重。如諸「三」字、「亦」字、「如」字、「曰」字、「世」字、「四」字、「生」字、「十」字、「小」字、「而」字、「力」字、「非」字等。其加毫注力，以求諸字間之對等均衡，此乃程君度心法用處也。堪值注意。

章法直行橫列，對置齊整，頗覺整飭舒適。而韻文偈語，雖亦排列有序，惟稍嫌擁擠，而書風亦覺不精，此殆因字間過密故也。然瑕終不掩瑜，本卷通體而觀，仍屬佳書傑作。復以卷尾題記，亦楷書而寫，且對列有序，遂使全書整秀之風，得以一致，而謹敬之心，得以一貫，其可稱勝與傳世，殆無疑也。惟此亦筆啓後世「院體」、「臺閣體」、「館閣體」之風焉。（註一一）

俗字者有：「那」作「𨚗」，「御」作「𢔶」，「繩」作「䋲」，「歡」作「歓」，「壽」作「壽」，「乘」作「乗」，「發」作「𤼵」，「槃」作「縏」，「兼」作「無」等。

本卷妙法蓮華經卷第三，書於唐高宗、咸亨二年（六七一），姜亮夫、莫高窟年表於此卷下有按語云：

按：此唐代官書本也，不僅有寫人名，且有詳閱、初校、再校、三校、僧人名號。以九卿監造，可謂愼重之至。又按此役寫法華經，依今存殘卷考之，至少起于此年五月，或稍前，而延至上元三年，中間經六七年之久。而監臨大員，自虞昶向義感，至李德閻玄道，易人乃成，其經歷不可謂不長。官本寫經，自北魏以來，已早有之，而其組織至隋而周，至唐而益密，此亦時代推移，後出轉精，爲讀者所不可不知者也。茲依經卷次序，滙錄各卷如下。又此與下金剛經兩官本，爲佛經官本之巨擘，然僅俱寫鑒，不明作用，較麟德元年爲皇太子寫道經願望爲微矣。（註一二）

今簡錄姜氏董理諸卷於后，以備參研：

1.S〇〇八四號　妙法蓮華經卷第五　題記：咸亨二年十月十日，經生郭德寫　用紙廿一張　……

2.S三〇七九號　妙法蓮華經卷第四　題記：咸亨二年十月十二日，經生郭德寫　用紙廿二張　……

3.P四五五六號　妙法蓮華經卷第二　題記：咸亨三年二月廿五日，經生王思謙寫　用紙二十張　……

4.P二六四四號　妙法蓮華經卷第三　題記：咸亨三年三月七日，經生王謙寫　用紙十九張　……

5.S四二〇九號　妙法蓮華經卷第三　題記：咸亨三年四月十五日，門下省羣書手趙文審寫　用小麻紙一十九張　……

6.S四五五一號　妙法蓮華經卷第四　題記：咸亨三年八月廿九日，門下省羣書手劉大慈寫　用紙貳拾貳張　……

7.Ｓ二五七三號　妙法蓮華經卷第二　題記：咸亨四年九月十七日，門下省羣書手封安昌寫　用紙二十張……

8.Ｓ〇三一二號　妙法蓮華經卷第四　題記：咸亨四年九月廿一日，門下省羣書手封安昌寫　用紙廿二張……

9.Ｓ〇四五六號　妙法蓮華經卷第三　題記：咸亨五年八月二日，左春坊楷書蕭敬寫　用紙十九張……

10.Ｓ三三四八號　妙法蓮華經卷第六　題記：上元元年九月廿五日，左春坊楷書蕭敬寫　用紙二十張……

11.Ｐ二一九五號　妙法蓮華經卷第六　題記：上元二年十月十五日，門下省書手袁元悊寫　用紙二十張……

12.Ｓ二一八一號　妙法蓮華經卷第二　題記：上元三年四月十五日，羣書手楊文泰寫　用紙二十張……

13.Ｓ一四五六號　妙法蓮華經卷第五　題記：上元三年五月十三日，秘書省楷書孫玄爽寫　用紙廿一張……

14.Ｓ三三六一號　妙法蓮華經卷第一　題記：上元三年七月廿八日，門下省書手袁元悊寫　用紙十八張……

15. S二六三七號　妙法蓮華經卷第三　題記：上元三年八月一日，弘文館楷書任道寫　用紙一十九張……

16. S四一六八號　妙法蓮華經卷第三　題記：上元三年九月八日，羣書手馬元禮寫　用紙十九張……

17. S一〇四八號　妙法蓮華經卷第五　題記：上元三年十一月五日，弘文館楷書成公道寫　用小麻二十一張　……

18. S四三五三號　妙法蓮華經卷第一　題記：上元三年十一月廿三日，弘文館楷書王智菀寫　用紙十八張　……

以上諸卷，書法率多秀整工麗，不脫歐、虞、褚三家風範，由此諸卷，亦可窺知初唐之書風與習尚。

四三、妙法蓮華經卷第五　唐高宗　儀鳳二年（六七七）

此妙法蓮華經卷第五，由羣書手張昌文所寫，書於唐高宗、儀鳳二年（六七七）二月十三日。卷末有題記云：

儀鳳二年二月十三日，羣書手張昌文寫用紙二十張

卷縱二五、三公分，橫二七二、三公分，麻紙，烏絲欄，存六接，凡一百五十一行，楷書體。首起「邊阿生祇」「菩薩摩訶」，末止「妙法蓮華經卷第五」。此卷曾藏德化李氏凡將閣，卷末鈐有藏印。

今存上海博物館，三三二二號。（註一三）

書法極爲工整秀麗，精巧嫻熟，兼融歐、虞、褚三家書風於一爐，故其風貌特覺新俊而備具衆美，其書法成就，實不在三大家之下也！其運筆結構等，幾將楷書表現至無以復加，達於顛峯。張昌文雖僅朝廷「羣書手」，然其書法造詣，卻可獨步當時，而永垂不朽！

如圖編四三：觀其用筆，鋒毫之運轉行使，極爲細膩精巧，筆之提按著力，恰到好處，欲粗則粗，欲細則細，走筆速度，亦緩急有序，從容自得。筆鋒之方圓正側，率由神使，故能自然得宜。吾國楷書發展至此，可謂達於鼎盛，有唐書法，號稱「楷書黃金時代」，良非虛譽，深有以也。而唐代「經生」、「書手」等，於楷書發展史上，尤有絕要地位。往昔或以「文獻不足徵」，未克稱名書史，今日敦煌寫經卷出，文獻豐足，眞蹟俱在，當予合理之評價與地位。

本卷用筆以妙使鋒尖，故起筆時，多有「曲頭」、「折鋒」、「釘頭」等現象，此乃歷來寫經卷中，常有之象，蓋亦是其特色處也。筆畫粗細之間，變化頗能得宜，大抵橫筆多細，而餘筆多粗。橫勒運筆，亦是傳統「首尖尾頓」與楷法「首尾按頓」並用，而「釘頭」折鋒現象，亦復可見，如諸「量」字、「三」字、「千」字、「二」字、「土」字、及有「言」旁之字等是。橫筆大抵細勁瘦長，頗覺秀逸，如諸「菩」字、「訶」字、「壽」字、「長」字、「樂」字、「量」字、「三」字、「千」字、「土」字等，深具褚筆風韻，且起筆、收筆蹟象明顯。

點側之筆，勢多自然溫蓄，如諸「時」字、「六」字、「沙」字、「法」字、「忍」字、「數」

字、等是。努豎體勢，筆多粗重，如諸「薩」字、「百」字、「十」字、「由」字、「生」字、「千」字、「世」字、「法」字、等。且多「垂露」收筆，如諸「十」字、「那」字、「千」字、「中」字等是，極覺渾勁內斂。鈎趯之筆，表現至爲精絕，他卷多不能及，如諸「億」字、「忍」字、「應」字、「念」字之「心鈎」；諸「說」字、「他」字、「无」字、「陁」字、「地」字之「擲月鈎」，二者彎弧、著力、趯鋒等，並皆機巧入化，妙與天合，直可歎爲神工！而「向左鈎」勢，有峻有和。峻者如諸「來」字、「壽」字、「聞」字、「門」字、「有」字、「才」字、「轉」字、「清」字、「則」字、「用」字等，筆勢勁挺峻折，鋒芒銳利；和者如諸「摩」字、「訶」字、「持」字、「好」字、「子」字等，筆毫圓轉提收，和雅溫婉。二法知變通用，遂能方圓自在，和峻得宜。

撇掠筆勢，亦可分出鋒、與藏鋒二式。出鋒者如諸「沙」字、「无」字、「尼」字、「有」字、「才」字、「塵」字、「大」字、「廣」字、「好」字等，健勁速捷，體貌姣美；藏鋒者如首行「摩」字、二行「億」、「得」二字、三行「倍」、「摩」、「得」三字、次圖：首行「又」「人」二字、三行「令」字、四行「及」字等，圓勁中含，力蘊十足。二式亦是方圓迭用，露、藏並使也，極見妙趣與靈運。波磔之筆，本卷主走秀勁一派，褚韻獨多，如諸「逸」字、「是」字、「來」字、「命」字、「長」字、「遠」字、「八」字、「僟」字、「旋」字、「大」字、「逸」字、「又」字、「人」字、「天」字、「嚴」字、「令」字等，極爲秀美俊逸，可稱本卷要筆。而亦有以「反捺」代之者，如諸「微」字、「數」字等即是。

綜論本卷筆法，極爲精練純熟，穩當自在，「八法」體勢，盡皆備足，其方圓、長短、輕重等，皆隨心妙使，契入天成，堪讚神工！縱觀唐代楷法，蓋難有出其右者。

結體較上卷：妙法蓮華經卷第三（圖編四二），更具精整平穩，即使偈語韻文，亦不因密集而稍懈，堪稱楷書結體之典範！全篇結字精整，少見縱逸，評者或即鄙其：「布棋列算」、「千字一律」、「不能復變」…等。自「縱變奇逸」角度而觀，此類書卷固失之「板滯複重」，然以「楷書本色」而言，「工整精謹」卻是首務要義，尤以唐代「楷書手」而言，尤須如是！夫書之欲求「縱變奇逸」者，不易也，殊不知欲求「工整精謹」者，亦非易事也。

本卷結體雖是精工之至，然亦有其變焉，如諸「數」字之「增點」；諸「世」字之「避重」；諸「能」字之間架開張；諸「臥」字之挑點昂揚等，皆其變化者也，而筆劃稀少之字，勢多增粗，如諸「六」字、「百」字、「由」字、「生」字、「世」字、「久」字、等，亦是書者筆心用處也，焉能直謂「千字一律」、「不能復變」耶？惟此類書卷，其「縱變奇逸」處較爲隱微耳！非盡不知變也。

章法直行橫列，對置整齊，每行書滿十七字，次圖偈語部份，雖顯縝密，然亦置列有序。行間布白，極爲寬博疏暢，與書風之工整秀麗，甚能相配相發。加以卷尾題記，亦精楷而寫，遂使全卷書風一致，氣韻一貫，而題記字小，使賓主有分也。綜觀本卷章法，亦如結字一般，極爲精整有序，確有「布棋列算」之象，惟此體式，乃楷書經卷共有之定式，不可纂亂也。故以「體制」之限，「布棋列算」、「千篇一律」、「不能復變」…等，乃是實情，惟以他面觀之，實亦寫經體類之特色也。

俗字者有：「壽」作「壽」，「那」作「那」，「陀」作「陁」，「數」作「數」，「辯」作「辯」，「能」作「䏻」，「詣」作「詣」，「場」作「塲」，等。

近時書蹟有：張阿難碑（六七一）、集王聖教序（六七二）、馬周碑（六七四）、阿史那忠碑（六七五）、棲霞寺明徵君碑（六七六）、李勣碑（六七七）、泉男生墓誌（六七九）等。集王聖教序、棲霞寺明徵君碑、李勣碑，三者爲行書。馬周碑爲隸書。除張阿難碑、阿史那忠碑、泉男生墓誌爲楷書。諸書皆一時佳作，而集王聖教序，尤爲千載以來之行書範本，最稱獨絕。本卷楷書之工整秀麗、精巧嫻熟，加以墨韻淋漓，遂能凌超張阿難碑、阿史那忠碑，泉男生墓誌三者之上。至於行、隸諸碑，體有別異，乃各有專擅，惟通體而論，除集王聖教序外，諸作實亦難與本卷匹比，蓋以本卷之筆法與結構，已臻乎妙境者也！

【附註】

註一　參書林藻鑑卷第八，一一〇頁。

註二　馬宗霍、書林藻鑑及蔡崇名師、書法及其教學之研究，俱分：初唐、中唐、晚唐三期。

註三　參同註一。

註四　神田喜一郎氏之說，詳參書道全集第七卷，圖版解說、釋文部份。

註五　本段主參引敦煌書法叢刊第一八卷碎金（一），饒氏解說部份。

註　六　詳參中國書法大辭典三〇頁,「草書」條。

註　七　二本字形別異現象,可參同註六,饒氏所作之比較。

註　八　有關尉遲寶琳事蹟,及官銜「右衞將軍」、「鄂國公」等,可參饒宗頤及日人內藤乾吉二氏之考證。饒氏文見敦煌書法叢刊第二三卷寫經(四),解說部份。內藤乾吉文見書道全集第二六卷,圖版解說、釋文部份。

註　九　說見莫高窟年表二三七頁。

註一〇　參同註九。

註一一　「院體」、「臺閣體」、「館閣體」等,詳參中國書法大辭典五二~五三頁。

註一二　詳參莫高窟年表二四二~二四五頁。

註一三　以上資料主參引敦煌吐魯番文物展品說明部份,及莫高窟年表二四九頁。

第五章　總結各項心得與發現

本書：「敦煌寫卷書法研究」，經上述謭陋析研後，略有數點心得與發展，雖未敢云即敦煌寫卷書法之意義與價值，然野曝之獻，或有助乎「中國書法」之探研與壯碩。茲分「書法史」與「書法藝術」二節，簡述於后。

第一節　書法史

敦煌寫卷所反映之書法史料至多，董理歸納，可分數項說明：

一、年時長遠

敦煌寫卷，年時至長，即具年時者而考，可上起魏、晉，下迄北宋（註一）。中經南北朝、隋、唐、五代等國，凡七百餘年。各朝寫卷皆備，可補歷代書法作品之闕，如本文所舉論諸篇，即為該時之重要書蹟。以愚拙見，敦煌寫卷，實可自成專題：「敦煌寫卷書法史」，而予以深入研究。

二、大量真蹟

敦煌寫卷，除少數碑拓本、刻印本外，餘俱為手寫眞蹟，其數量之多，前所未見，可謂空前。眞蹟之意義價值，即在其能眞實反映書法元貌，無有僞失。此於研究、鑑賞、臨摹等，俱是絕要，自非碑刻本所可比擬。且眞蹟中篆、隸、草、行、楷、行草諸體悉備，尤見其寶貴！

三、南北書流

南北書風異象，素多爭議，或因一偏之見，或因書蹟鮮少，「不足徵也」。今大量眞蹟面也，南北書風眞貌，得以廓清。就北碑、南帖而較，差異自顯，然以南北寫卷而觀，其別異雖有，惟非判若江河，南北之間，猶有關連與互動。北碑、南帖率經刻勒，其眞多失，寫卷眞蹟墨書，最足信據。

至夫南北書風匯流，亦由此眞蹟，而得觀其變：合流之潮，實自北魏啓，即南朝、梁時也，至隋而新體成就，唐代乃得以發皇，而其滙流之向，實呈北趨於南，南溥於北。識者可深察之。

四、楷書演進

楷書肇自漢季，邁經魏、晉、南北朝，至隋而成熟定型，迄唐而發揚光大，黃金鼎盛。惟其間流程演進，以歷來書蹟非鮮即缺，故未克盡睹全貌。今敦煌寫經卷出，其主要書體，即為楷書，吾國楷書發展史，洎此乃能有全面、合理、與系統化之陳述，眞書史之大事也！如本文所舉列之：太上玄元道德經（圖編一）、金光明經卷第二（圖編六）、佛說歡普賢經卷（圖編八）、大般涅槃經卷第十一（圖編一二）、菩薩瓔珞本業經卷下（圖編二四）、中阿含經卷第八（圖編三三）、臨智永眞草千字文殘卷（圖編三九）、妙法蓮華經卷第五（圖編四三）等，於楷書史中，皆具重要地位。

此外，楷書至唐，達於鼎盛，「經生書」即以工整秀麗著稱。而其後之「院體」、明代之「臺閣體」、清代之「館閣體」等，亦是其流亞也。

五、紙張材質

紙者，乃「文房四寶」之一，其質地亟關乎運筆與書風。敦煌書蹟，主寫於紙上而得以傳世，其書風自亦受用紙影響。敦煌寫經紙，據近人潘吉星之研究：「大體說，晉到十六國、南北朝時多是麻紙。隋唐時除麻紙外，還有楮皮、桑皮紙。五代時麻紙居多。」（註二）且其表面多呈平滑。是以敦煌書蹟多見流麗書風者，紙質實亦要因之一也。而此七百餘年間之用紙，乃亦吾國「紙史」之一要環也。

六、寫經格式

敦煌寫經，率有定格，大抵首書經名品第，即所謂「首題」者也。次寫正文，而諸品第間，多有「中題」分隔。末尾則書「尾題」作結。「題記」乃接書「尾題」之後，以明年時與寫造緣起等事。此寫經格式之大較也。如本文：金光明經卷第二（圖編六）、誠實論卷第八（圖編一四）、大般涅槃經卷第九（圖編二六）、持世經卷第三（圖編三〇）、大智論卷第卌二（圖編三一）、中阿含經卷第八（圖編三三）、洞淵神祝經誓魔品第一（圖編四一）等，即其顯例。至於非寫經之卷，當亦自有法式焉。

七、度量尺寸

由敦煌寫卷，亦可測知歷代度量衡使用概況。潘吉星云：

看來，寫經紙的尺寸是遂代加大的。這是因為歷代度量衡用尺，逐次加大。漢代一尺等於二三點一釐米，魏晉一尺等於二四點一二釐米，隋唐一尺等於二六點七釐米，而宋元一尺等於三〇點七二釐米。因此，同是「尺牘」規格，則漢代直高為二三點一，晉代為二四點一二，隋唐時則為二六點七釐米。（註三）

潘氏實測寫卷，其論述當足信據。

八、數字使用

敦煌寫卷，至能反映歷代數字使用眞貌，除通行者外，頗見「連文」。如本文：維摩詰經卷上（圖編二）：「三十」作「丗」、「四十」作「卌」。雜阿毗曇心經卷第六（圖編七）：「二十」作「廿」。維摩義記（圖編一〇）：「二十」作「卄」。大般涅槃經卷第卌（圖編一一）：「四十」作「卌」。大智論卷第卌二（圖編三一）：「四十」作「卌」。洞淵神祝經誓魔品第一（圖編四一）：「四十」作「卌」。以上諸例，率乃「十」之倍數使用概況。

九、計紙名稱

敦煌寫卷中所見計紙名稱，歷代不盡相同。如本文：

圖編　八：佛說歡普賢經卷　南朝　齊武帝　永明元年（四八三）作：「用紙十四枚」

圖編一三：成實論卷第十四　北朝　北魏宣武帝　永平四年（五一一）作：「用帋廿五張」

圖編一五：出家人受菩薩戒法卷第一　南朝　梁武帝　天監十八年（五一九）作：「用帋廿三枚」

圖編三三：中阿含經卷第八　隋文帝　仁壽二年（六〇二）作：「用紙廿五張」

圖編四三：妙法蓮華經卷第五　唐高宗　儀鳳二年（六七七）作：「用紙二十張」

南朝多作「枚」，北朝多稱「張」，隋、唐則統一作「張」，且沿用迄今。

十、符號運用

符號運用，寫卷中反映至眞。或因「誤寫」，或因「誤倒」，或爲「避重」，情況至多，各有代用。如本文：

圖編 一：太上玄元道德經 三國 吳歸命侯 建衡二年（二七〇）：以「、」代「重字」

圖編 二：維摩詰經卷上 北朝 後涼 麟嘉五年（三九三）：以字旁「ミ」表「誤字」

圖編 六：金光明經卷第二 北朝 北魏獻文帝 皇興五年（四七一）：以字間「、」表「乙倒」

圖編一〇：維摩義記 北朝 北魏宣武帝 景明元年（五〇〇）：以字間「ㄹ」表「乙倒」

圖編一三：成實論卷第十四 北朝 北魏宣武帝 永平四年（五一一）：以「ニ」代「重字」

圖編三九：臨智永眞草千字文殘卷 唐太宗 貞觀十五年（六四一）：以字間「√」表「乙倒」

以上諸例，除可見知各朝符號運用之異同外，亦可知吾國符號之用，起源實早。（註四）

第二節 書法藝術

敦煌寫卷所呈現之書法藝術，極爲豐富精采，多面而重要，茲分下列數項簡論之：

一、筆法運使

敦煌寫卷乃眞蹟墨書，其筆法運使，頗易審知。析研歸納後，可分用鋒、運筆、墨法三點以述：

㈠用鋒

「尖鋒」者，堪稱寫卷用鋒之首席特色。其筆法乃尖鋒入筆，而後轉走中鋒，末則頓筆收鋒。其勢尖銳中又帶健勁與圓渾，極具風格特色。此法可起三國，迄唐而不衰滅，可謂源遠流長矣！本文如：太上玄元道德經（圖編一）、建初十二年敦煌郡敦煌縣西宕鄉高昌里戶籍（圖編四）、思益經卷第四（圖編二九）、華嚴經卷第卅七（圖編三二）、阿毗曇毗婆沙卷第六十（圖編四〇）等，即其顯例。

筆法常見之「中鋒」與「側鋒」，寫卷中自亦有之，二者迭用互出，極盡相輔變化之妙。本文選錄諸卷，多可見知。

「出鋒」與「藏鋒」，卷中亦不乏其例，唯「出鋒」者多，「藏鋒」者少。敦煌寫卷書法之多覺流麗妍秀者，「出鋒」使筆，實乃主因之一也。

另有「折鋒」者，亦可稱用鋒特色。寫卷書法，率爲小楷，寫時主使鋒尖，且多直落而書，是以起筆處，易成「折鋒」、「曲頭」、「釘頭」等狀，極爲新異，深值留意。本文如：成實論卷第十四（圖編一三）、誠實論卷第八（圖編一四）、華嚴經卷第三（圖編一六）、大般涅槃經卷第卅一（圖編一九）、阿毗曇毗婆沙卷第六十（圖編四〇）等，即其例也。

㈡運筆

寫卷運筆，極具自然本眞。「起筆」鋒尖直落，而後舖毫行筆，末則提筆順收。非如後世書法理論所云：「起筆須逆入平出，末須回鋒」等，倘以自然「寫字」而言，寫卷筆法，方是本眞，若是往復回筆，豈非成「畫字」歟？寫卷收筆處，雖亦有「回鋒」者，惟此乃筆勢自然回收，預啓下字故也，非刻意爲之者。敦煌寫卷筆法之自然本眞，可爲今日習書固守「逆入平出，末須回鋒」之法者，作一借鑑與商榷。

此外，寫卷起筆，可分「尖鋒」與「按鋒」二種。「尖鋒」入筆，源遠流長，起源至早；「按鋒」入筆，主爲楷法所用。二法俱是「直落」，而非「逆入」者也。

他如「行筆」之提按、輕重、緩急；「收筆」之藏、露、頓、回；「筆間」之搭鋒、絲牽、接筆；「轉折」之方、圓等，寫卷皆各具情態，豐富巧妙，本文諸篇，多有述論。

㈢墨法

寫卷用墨，頗富變化，主有：「枯」、「濕」、「濃」、「淡」四者。而四者間，又相互參用，非囿一法。濃者如：誠實論卷第八（圖編一四）、出家人受菩薩戒法卷第一（圖編一五）。濃濕者如：成實論卷第十四（圖編一三）。濕淡者如：大般涅槃經卷第卅一（圖編一九）。枯濃者如：東都發願文（圖編二一）。而有濃淡變化者如：佛說辯意長者子所問經（圖編五）、法華經義記第一卷（圖編二〇）。而大般涅槃經卷第四十（圖編一一）與大般涅槃經卷第卅一（圖編一九），二者題記之濃淡變化，竟可見出蘸筆次數，與每蘸所寫字數。此於用筆、用墨而言，俱深富意義與價値。

二、筆勢結構

敦煌寫卷所見之筆勢結構，至爲多貌，於知法任法中，別具樸實與自然。其天眞爛漫、情意洋洋，實非模搨者可比擬。即使隋唐工楷「經生書」，亦極知明變而自標風格，絕不若後世「院體」、「臺閣體」、「館閣體」者流，徒具工整秀麗，而無自家風骨。茲經析研歸納，以三點分論之：

㈠點畫

寫卷點畫，極爲自然淳樸，率多盡情而書，卻又不失法度。即以「永字八法」而言，北魏、獻文帝時（四六六～四七一），即已具備，雖未敢稱純熟，然已是眩瞻。本文圖編六：金光明經卷第二北朝　北魏獻文帝　皇興五年（四七一），即其例證。又圖編八：佛說歡普賢經卷　南朝　齊武帝永明元年（四八三），觀其「八法」運筆，已極純熟，盡是楷書風貌。是以觀乎敦煌寫卷，吾人可知：「永字八法」之說，雖未能定論始於何人何時，然「八法」之用，南北朝時已極普遍、純熟。此點發現，於夫書史與書藝，俱是至要大事，敦煌寫卷之重要也如此！

至於點畫間之流脈、體勢、用筆等，本文各卷多有詳論，可觀閱之。

㈡結字

寫卷之結字，可以隋代爲分野。隋以前，體勢多貌，極盡變化，情意豐富，自然可愛。隋以後，楷書成型，間架規整，百變體勢，不復再見，變化由大而小，由顯而隱。雖宕蕩之勢寖滅，然工整精鍊之風日盛，隋唐楷書盛也，于焉出現，光輝遍照寰宇！中國所謂「方塊字」者，此際達於鼎盛，而此發達軌蹟，敦煌寫卷反映至明。

㈢章法

敦煌寫卷，以佛道者居多，若準此而論，則此章法者，即可謂其「寫經格式」也。「寫經格式」前節已述，今略作補充。

敦煌經卷，起「首題」迄「尾題」，其書體、書風，大抵一致無變，是具「統一」之美。而正文之直行橫列，亦多對列整齊，井然有序。橫列縱有不齊者，亦脫序不遠，全卷通體而言，可稱規整，是具「整齊」之美。而卷末題記，或有或無，有者其書體與大小，又各有不同，此寫卷「變化」之處也，是具「變化」之美。而其「變化」之方，非只「題記」，其餘各處亦多見存，惟或大或小，或顯或隱耳，鑑者須細心察照云。本文所錄諸篇，皆具題記年時，屬最具「完整」之美者。

三、筆意精神

寫卷所涵射之筆意、風格、精神等，可稱「最眞」，以其乃書者之「手筆眞蹟」也！而由此筆意、風格、精神等，約有數點發現：

㈠南北書風，確有異處　大抵北書較爲自然、淳樸、豪放、雄獷、率眞、任情。而南書多顯精細、雅秀、內斂、流美、俊逸、清朗。

㈡南方意密，北方意粗　南方用筆、用意，多較細密講究，性情爲多，北方則多覺粗豪樸野，形質爲盛。

㈢滙流新風，瘦勁主盛　南北滙流後，南韻主導，故隋及唐初，字多瘦勁清逸，雅麗遒美，洎乎魯公出，始有轉變，而氣象一新。

㈣寫經誠敬，其心所同　儒、釋、道三家經卷，寫時誠敬是備，乃其不變心脈，可昭昭於世也。

以上諸點，爲其較著者，足資留意。本文選錄諸卷，可窺知其概。

四、俗字別異

敦煌寫卷所反映之俗字異象，至爲豐富。且別異與使用程度，似呈北甚於南。此點發現，至爲重要！以「俗字」之發展流變，關涉乎文字學、書學、美學、社會學、心理學等面，是以弗可忽之也。「俗字」者，於今日學術中，實當予以重視與研究。

五、臨摹鑑賞

敦煌寫卷，少數而外，盡皆「眞蹟」，此「眞蹟」者，最利臨摹與鑑賞！其筆法、筆勢、筆意等，盡皆完整而眞實，無有僞失，其價自在諸碑刻搨本之上不知幾千里也！深可寶愛。如本文：太上玄元道德經（圖編一）、金光明經卷第二（圖編六）、佛說歡普賢經卷（圖編八）、大般涅槃經卷第十一（圖編一二）、菩薩瓔珞本業經卷下（圖編二四），中阿含經卷第八（圖編三三）、臨智永眞草千字文殘卷（圖編三九）、妙法蓮華經卷第五（圖編四三）等，鑑賞之外，尤利臨摹，直是天壤瓌寶。

敦煌寫卷，經筆者以「書法」角度，拙劣析研後，略有上述諸項心得與發現。雖無能窺見奧賾，唯冀此一二之見，能有綿助乎「敦煌書法學」之茁壯與發皇！此則區區所願也！

【附註】

註　一　敦煌寫卷具年時者之上限，爲三國、吳歸命侯、建衡二年（二七〇）之太上玄元道德經（圖編一）。日人中村不折氏藏敦煌卷子中，有譬喻經一卷，其題記云：「甘露元年三月十七日，於酒泉城內齋叢中寫訖。此月上旬，漢人及雜類被誅向二百人，願蒙解脫，生生信敬三寶，无有退轉。」此卷「甘露」年號，不知屬何朝？中國之有「甘露」年號者，有：西漢、曹魏、孫吳、苻秦、五代等。中村不折氏定其爲曹魏，則甘露三年，即西元二五六年，而此卷即成今時所能見知，具年時之最早敦煌卷子，然此說尚待確證。而太上玄元道德經，則無疑係乃三國、吳歸命侯時之寫卷，今且從此。

下限者，據姜氏莫高窟年表，定爲北宋太宗、至道元年（九九五）。

註　二　詳參潘吉星著、中國造紙技術史稿，第十章：敦煌石室寫經紙研究。即此書一七一～一七八頁。

註　三　參同註二。

註　四　敦煌寫卷符號之運用，潘師重規曾有詳論，見師著：「敦煌卷子俗寫文字與俗文學之研究」一文。文收敦煌變文論輯中。

主要參考書目

一、敦煌學類

英國倫敦大英博物館所藏敦煌卷子微卷　國立中央圖書館
法國巴黎國立圖書館所藏敦煌卷子微卷　國立中央圖書館
國立中央圖書館藏敦煌卷子　潘重規主編　台北　石門　民國六十五年十一月影印初版
國立中央圖書館所藏燉煌卷子題記　潘重規著　香港　新亞學報第八卷第二期抽印本　一九六八年八月一日
敦煌寶藏　黃永武主編　台北　新文豐　民國七十年九月初版
敦煌遺書最新目錄　黃永武主編　台北　新文豐　民國七十五年九月台一版
敦煌書法叢刊　饒宗頤編集　日本　二玄社　一九八三年五月二十日初版發行
敦煌吐魯番文物　上海博物館、香港中文大學文物館編著　香港　一九八七年六月初版
中華五千年文物集刊——敦煌篇　蘇瑩輝主編　台北　故宮　民國七十五年二月初版

敦煌道經圖錄編　日、大淵忍爾編著　日本　福武書店　一九七九年二月二十八日發行
敦煌道經目錄編　日、大淵忍爾編著　日本　福武書店　一九七八年三月三十一日
敦煌叢刊初集　黃永武編集　台北　新文豐　民國七十四年六月初版
敦煌古籍敍錄　王重民撰　台北　木鐸　民國七十年四月印行
敦煌古籍敍錄新編　王重民原編、黃師永武新編　台北　新文豐　民國七十五年
敦煌莫高窟年表　姜亮夫編著　台北　華世　民國七十六年二月台一版
敦煌學概要　蘇瑩輝著　台北　國立編譯館主編　五南圖書出版公司印行　民國七十七年十二月初版
敦煌俗字譜　潘重規主編　台北　石門　民國六十七年八月初版
敦煌俗字索引　金榮華主編　台北　石門　民國六十九年六月初版
龍龕手鑑新編　潘重規主編　台北　石門　民國六十九年十月初版
敦煌變文論輯　潘重規主編　台北　石門　民國七十年十二月初版
敦煌學研究論著目錄　鄭阿財、朱鳳玉編　台北　漢學研究資料及服務中心　民國七十六年四月出版
敦煌學研究論著目錄　鄺士元編著　台北　新文豐　民國七十六年六月台一版

二、書法類

華夏之美——書法　周鳳五著　台北　幼獅　民國七十七年三月修訂

書道全集　日、下中直也編集　日本　平凡社　一九八七年二月十四日初版第二十八刷發行
書道全集（中文版）　日、下中直也編集　于還素等譯　台北　大陸書店　民國六十四年五月一日初版發行
六朝寫經集（書跡名品叢刊一二一册）　日本　二玄社編印　一九八五年十一月二十五日十三刷發行
隋唐寫經集（書跡名品叢刊一二四册）　日本　二玄社編印　一九八一年十一月二十日十一刷發行
中國書法大辭典　梁披雲主編　香港　書譜出版社　一九八四年十月第一版
碑帖敍錄　楊震方編著　台北　木鐸　民國七十二年七月初版
書林藻鑑　馬宗霍輯　台北　商務　民國七十一年五月台二版
法書要錄　唐、張彥遠編　在楊家駱主編、唐人書學論著　台北　世界
歷代書法論文選　華正書局編輯部編輯　台北　華正　民國七十三年九月初版
書法及其教學之研究　蔡崇名著　台北　華正　民國七十三年八月修訂一版
中國書法理論體系　熊秉明著　台北　谷風　民國七十六年十一月
歐陽詢書法之研究　黃宗義著　台北　蕙風堂　民國七十七年三月一日初版
大學書法　祝敏申編　台北　丹青　民國七十五年台一版
書法美學　史師紫忱著　台北　藝文　民國六十八年九月二版
書法美學談　金學智著　台北　華正　民國七十八年三月初版

書法美學簡論　劉綱紀著　湖北　湖北教育出版社　民國七十四年五月第一版
書法正傳　清、馮武編著　新竹　仰哲　無印出版年月
漢谿書法通解校證　清、戈守智編著　沈培方校證　台北　木鐸　民國七十六年四月初版
續書譜　宋、姜夔撰　台北　雪山堂　民國七十二年十一月出版
藝概　清、劉熙載撰　台北　華正　民國七十四年六月初版
藝舟雙楫疏證　清、包世臣著　祝嘉疏證　台北　華正　民國七十四年二月初版
廣藝舟雙楫疏證　康有爲著　祝嘉疏證　台北　華正　民國七十一年十月初版
書學史　祝嘉著　台北　文史哲　民國七十年八月初版
中華書法史　張光賓著　台北　商務　民國七十三年四月二版
書法今鑒　史紫忱著　台北　華岡　民國六十七年二月三版
書法史論　史紫忱著　台北　中國文化大學出版部　民國七十一年十月出版
學書邇言　楊守敬著　台北　華正　民國七十三年二月初版
書學論集　祝嘉著　台北　華正　民國七十四年四月初版
中國文字與書法　陳彬龢著　台北　華正　民國七十六年九月初版
書法研究　王壯爲著　台北　商務　民國七十一年六月七版
沙孟海論書叢稿　沙孟海著　台北　華正　民國七十七年七月初版
中國書法藝術　趙明著　台北　新文豐　民國六十八年九月修訂

書法藝術答問　周汝昌著　台北　木鐸　民國七十一年六月初版
書法藝術欣賞　沈尹默等著　台北　莊嚴　民國七十三年六月六版
中國書論集　日、中田勇次郎著　日本　二玄社　一九七七年五月三十一日四版發行
書法心理學　高尚仁著　台北　東大圖書公司　民國七十五年四月初版
書譜譯註　馬國權著　台北　華正　民國七十四年十月初版
隸辨　清、顧藹吉撰　台北　世界　民國六十六年十二月四版
楷書行書的技法　李天馬著　台北　木鐸　民國七十二年九月初版
毛筆的常識　潘天壽著　台北　丹青　民國七十五年台一版
漢簡文字的書法研究　鄭惠美著　台北　故宮　民國七十三年十二月初版
簡牘書法　上海　上海書畫出版社　一九八五年四月第一版
碑別字新編　秦公編　一九八四年
中國書論大系　日、中田勇次郎編集　日本　二玄社　一九八二年五月十日三刷發行
書跡名品叢刊　日本　二玄社

三、其他

大正新修大藏經　日本、高楠順次郎、渡邊海旭等監修　台北　新文豐

美學基本原理　台風出版社　台北　谷風　民國七十五年九月
藝術概論　虞君質著　台北　大中國圖書公司　民國七十五年十一月再版
中國造紙技術史稿　潘吉星著　北京　文物出版社　一九七八年八月
字句鍛鍊法　黃永武著　台北　洪範　民國七十五年十一月五版
詩與美　黃永武著　台北　洪範　民國七十四年五月三版
美的歷程　李澤厚著　台北　元山書局　民國七十三年十一月出版
美從何處尋　宗白華著　台北　元山書局　民國七十五年
啓功叢稿　啓功著　北京　中華　一九八一年十二月第一版
選堂集林史林　饒宗頤著　台北　明文　民國七十一年四月初版

四、論文類

敦煌寫卷之書法　饒宗頤著　東方文化　五卷一、二合期一九六五年二月
由魏晉南北朝的寫經看當時的書法　紫溪著　書譜　第四卷第三期（總第二十二期）　一九七八年
中古敦煌的書學　陳祚龍著　藝壇　第五十四期、九～十二頁、圖片一～三　民國六十一年九月出版
關於坊間流傳的「筆勢論」　陳祚龍著　藝壇　第四十期、一～四頁　民國六十年七月出版
巴黎藏最早之敦煌寫卷金光明經（P四五〇六）跋　饒宗頤著　收在選堂集林史林（台北　明文）

北魏馮熙（？～四九五）與敦煌寫經　饒宗頤著　收在選堂集林史林（台北　明文）
談寫經生　臺靜農著　收在藝文叢輯第七編（台北　藝文）
蔣善進眞草千字文殘卷跋　臺靜農著　敦煌學　第一輯　一九七四年七月出版
南北朝の寫經　日、中田勇次郎著　收在中國書論集（日本　二玄社）
書史概述上、中、下　于大成撰　中華文化復興月刊五卷一～三期　民國六十一年一～三月出版
略論兩晉南北朝隋代的書法　沙孟海撰　在沙孟海論書叢稿頁二一九
古代書法執筆初探　沙孟海撰　在沙孟海論書叢稿頁二〇四
書法史上的若干問題　沙孟海撰　在沙孟海論書叢稿頁一七八
智永千字文和馮摹蘭亭　熊秉明著　書譜　第六卷第五期（總第三十六期）　一九八〇年十月
劃筆和搨筆　余江撰　書譜　一九八六年第二期（總第六十九期）　一九八六
敦煌佛經寫卷題記初探　羅汀琳撰　台北　政大中文研究所碩士論文自印本　民國七十八年六月
楷書研究　任弘撰　台北　師大歷史研究所碩士論文自印本　民國七十四年一月
王羲之書體析論　楊雅惠撰　台北　師大國文研究所碩士論文自印本　民國七十六年五月

附錄

敦煌寫卷書法研究　圖錄篇

一、太上玄元道德經

時間：三國　吳歸命侯　建衡二年（二七〇）
書者（供養人）：索紞寫已
長寬：
顏色：
書體：隸楷之間　（取自平凡社書道全集第三卷）
藏所：香港
題記：建衡二年庚寅五月五日，燉煌郡索紞寫已。

人之生也柔弱其死也堅强萬物草木之生也柔
脆其死也枯槁故柔弱者生之徒堅强者死之徒是
以兵强則不勝木强則共强大處下柔弱處上
天之道其猶張弓乎高者抑之下者舉之有餘者損
之不足者補之天之道損有餘而補不足人之道則
不然損不足以奉有餘孰能有餘以奉天下唯有道
者是以聖人為而不恃功成而不處其不欲見賢
天下柔弱莫過於水而攻堅强者莫之能勝其无以
易之弱之勝强柔之勝剛天下莫不知莫能行故聖
人云受國之垢是謂社稷主受國之不祥是謂天下

民復結繩而用之甘其食美其服安其居樂其俗鄰
國相望雞狗之聲相聞民至老死不相往來
信言不美美言不信善者不辯辯者不善知者不博博者
不知聖人不積既為人已愈有既以與人已愈多天
下之道利而不害聖人之道為而不爭

太上玄元道德經卷終

建衡二年庚寅五月五日燉煌郡索紞寫已

二一、維摩詰經卷上

時間：北朝　後涼　麟嘉五年（三九三）
書者（供養人）：王相高寫竟
長寬：二四・四公分×一五六〇公分
顏色：白疏紙
書體：隸楷之間　（取自香港中文大學敦煌吐魯番文物）
藏所：中國　上海博物館
題記：麟嘉五年六月九日，王相高寫竟，疏拙，見者莫咲也。

於是維摩詰問文殊師利仁者遊於无量无數佛國億百
那術何等佛土為一切持一切有好師子之座文殊師利言有族姓
子東方去此佛國度卅六恒沙等剎其世界名須彌幡其佛號
須彌燈王如来至真等正覺今現在其佛身八萬四千由
延佛師子座六萬八千由延其菩薩身四萬二千由延須彌幡國
有八百卅萬師子之座彼佛國如来為一切持其師子座為一切嚴
於是維摩詰則如其像三昧正受即現神足應時彼佛須
彌燈王如来遣三萬二千師子座高廣淨好昔所希見一切弟子
菩薩諸大弟子釋梵四天王未入維摩詰舍見其室極廣大悉苞
容三萬二千師子座不立礙一不迫迮於維摩詰那離城无所

[illegible]一切三千世界其音[illegible]

不思議門者一切魔衆无如之何大迦葉說是語二千天人發无上正真道意

維摩詰謂大迦葉唯然賢者十方无量无數魔魔性賢者

志行恐怖立不思議門菩薩者常解度人魔之所為十方无量

或從菩薩求索手足耳鼻頭眼髓腦血肉皮體妻子男女

眷屬及求国城寶藏財穀金銀明月珠玉瑯琊珠寶衣

飲食一切所求皆從求索立不思議門菩薩者能以善

權為諸菩薩方便示現堅固其性所以者何菩薩者當上反不

可作凡民逼迫之也譬如迦葉龍象蹴踏非驢所堪為若此也

爲善菩薩莫能為菩薩忍逼由如此立不思議門菩薩

入權慧力者也

麟嘉五年六月九日王相高寫竟疏拙見者莫笑也

三、十誦比丘戒本

時間：北朝　西涼　建初元年（四〇五）

書者（供養人）：比丘德祐

長寬：九七五・三六公分×二〇公分

顏色：微黃

書體：隸楷之間　（取自故宮敦煌篇二）

藏所：英國　倫敦　大英博物館　S・〇七九七

題記：建初元年，歲在乙巳，十二月五日戌時，比丘德祐於敦煌城南，受具戒，和上僧法性，戒師寶慧，教師惠穎。時同戒場者，道輔、惠御……手拙用愧，見者但念其義，莫咲其字也。故記之。

車不應分一切鐵物不應分除釜瓶瓮二斗以下應分二斗以上不
應分除鉢小鉢半鉢鍵鎡小鍵鎡剃頭刀鉗鑷截甲
刀針刀子戶鉤曲戶鉤剃刀橝刮汗橝灌鼻筩熨斗香
爐熨鉢鉤衣鉤臂上鉤上鉢杖禪鎮除上尒許物餘一
切鐵物不應分一切銅物不應分除釜瓶瓮二斗以下應分除
水〻瓫〻水瓫〻盖刀柙刮汗橝灌鼻筩銅熨斗香爐熨鉢
鉤衣鉤臂上鉤禪鎮匕鉢枝除尒許物餘一切銅物不應分
一切石物不應分除釜瓶瓮二斗以下應分水〻瓫〻水〻瓫〻盖水物
刀柍刮汗橝灌鼻筩熨斗香爐熨鉢鉤衣鉤禪鎮
除上尒許取物餘一切石物不應分一切水精物除釜熨鉢鉤
香爐熨斗餘如上説一切瓦物不應分除瓮瓶瓮二斗以下應分除
水瓫水瓫盖水物鉢小鉢半鉢鍵鎡小鍵鎡刮汗橝灌鼻筩熨斗香

偏袒右肩脫革屣互跪叉手捉上座兩足應作是語

念我長老今日僧受歲我某甲比丘自恣語若見罪若

疑罪若聞罪語我語長老受憐愍我若見罪若聞罪若疑罪

識悔如是至三說

建初元年歲在乙巳十二月五日戌時比丘德祐於敦煌城南受具戒和上僧法性戒師寶惠教師惠頒

時同戒場者道輔惠御等十二人到夏安居寫到戒諷之趣成具拙字而

已手拙用愧見者但念其義莫咲其字也故記之

戒三誦者從四事至國王大臣為一誦從王臣至[illegible]飲水戒為二誦其餘之下

為至七佛偈為三誦、戒五篇者四事一十三事二不定卅事九十事三曲役利

從舍尼第四衆學法第乃至七滅之文佛說偈是第五篇也

四、建初十二年敦煌郡敦煌縣西宕鄉高昌里戶籍

時間：北朝　西涼　建初十二年（四一六）

書者（供養人）：

長寬：二四・五公分×九一・四四公分

顏色：土褐

書體：隸楷之間　（取自中圖微卷）

藏所：英國　倫敦　大英博物館　S.〇一一三

題記：建初十二年正月籍

□男弟受年　女口二

受女妹媚年六　內口六

媚男弟興年二　居趙羽塢

建初十二年正月

敦煌郡敦煌縣西宕鄉高昌里大府吏隨嵩年五十

妻曹年五十　丁男一

息男壽年廿四　女口三

壽妻趙年廿五　內口四

姊皇年七十四　附籍　居趙羽塢

建初十二年正月籍

五、佛說辯意長者子所問經

時間：北朝　北魏文成帝　太安元年（四五五）
書者（供養人）：比丘申宗
長寬：三〇四・八公分
顏色：暗淡黃
書體：隸楷之間　（取自中圖微卷）
藏所：英國　倫敦　大英博物館　S.二九二五V.
題記：太安元年，在庚寅正月十九日寫訖，伊吾南祠比丘申宗，手拙人已，難得脟墨。

五、佛說辯意長者子所問經　北朝　北魏文成帝　太安元年（四五五）

奉持是一切諸法要義佛復告阿難若有善男子
善女人有行斯經奉持諷誦宣轉後世令人受
持者是人如持佛身福无有異諷誦經者當
為弥勒佛所受決所來下屬累天王
佛說經已時諸天龍鬼神四輩弟子聞經歡
喜為佛作札

太安元年在庚寅正月十九日寫訖伊吾南祠
比丘申宗手拙人已難得紙墨

六、金光明經卷第二

時間：北朝　北魏獻文帝　皇興五年（四七一）
書者（供養人）：張壜主造寫
長寬：
顏色：黃絹
書體：楷書（取自二玄社敦煌書法叢刊第二〇卷）
藏所：法國　巴黎　國立圖書館　P.四五〇六
題記：皇興五年，歲在辛亥，大魏定州中山郡盧奴縣城內西坊里住，原鄉涼州武威郡租厲縣梁澤北鄉武訓里方亭南，葦亭北，張壜主，父宜曹……，羣生之類。咸同斯願。若有讀誦者，常爲流通。

金光明經捨身品第十七
尒時道場菩提樹神復白佛言世尊我聞世
去循行菩薩道時具受无量百千苦行捐捨
宍血骨髓唯願世尊少說往昔苦行因緣為
生受諸快樂尒時世尊即現神足神足力故
大地六種震動於大講堂衆會之中有七寶
地踊出衆寶羅網弥覆其上尒時大衆見是
生希有心尒時世尊即從坐起礼拜是塔恭

我念宿命
是王有子
復有二兄
三人同遊
時滕大士
山虎或為
即上高山
是時大地
虎狼師子

有大國王
能大布施
長者名曰
至一空山
生大悲心
飢餓所逼
自投虎前
及諸大山
四散馳走

其王名曰
其子名曰
大波那羅
見新產虎
我今當捨
儻能還食
為令虎子
皆悉振動
世間皆闇

摩訶
摩訶
次名
飢窮
所重
自生
得全
驚諸
无有

汝於今日快說是言

金光明經卷第二

皇興五年歲在辛亥大魏定州中山郡盧奴縣城内西坊里住原鄉涼州武威郡租厲縣梁澤北鄉武訓里方亭南葦亭北張壤主父宜曹諱昺息張保興自慨多難父母恩育無以仰報又感鄉援靡託恩戀是以在此單城竭家建福興造素經法華一部金光明一部維摩一部无量壽一部欲令流通本鄉道俗異翫願使福鍾皇家祚隆万代祐例七世父母託生蓮華受悟无生潤及現存普濟一切群生之類咸同斯願

若有讀誦者常為流通

七、雜阿毗曇心經卷第六

時間：北朝　北魏孝文帝　太和二年（四七九）

書者（供養人）：

長寬：二二三・三六公分

顏色：黃

書體：楷書　（取自故宮敦煌篇二）

藏所：英國　倫敦　大英博物館　S.○九九六

題記：雜阿毗曇心者，法盛大士之所說，以法相理，玄籍浩博，擢昏流迷於廣文。乃略微以現，約瞻四有之𦊆，見通……大代太和三年，歲次己未，十月己巳，二十八日丙申，於洛州所書寫成訖。

天慶　問此鄣何者最大惡荅
所謂煩惱鄣　是說最大惡　无間業為中　報鄣則為輕
三鄣中煩惱鄣最大惡次業鄣次報鄣以煩
惱鄣能轉業鄣業鄣轉報鄣故又說報鄣最
大惡以一切因時可轉果時不可轉故此則
不然彼或有煩惱鄣民起或業鄣或報鄣或
煩惱業鄣或煩惱鄣報鄣无業鄣報鄣俱民
起以因果不俱故彼業鄣者三方煩惱鄣報
鄣者五趣問如所說无間業其罪最大謂壞

侍中駙馬都尉羽真太師中書監領秘書事車騎大將軍都督諸軍事啟府
洛州刺史昌梨王馮晉國仰感恩遇撰寫十一切經一々經一千四百六十四卷用答
皇施願
皇帝陛下
太皇太后　德苞九元明同三曜振恩闡以熙寧協淳氣而養壽乃作
讚曰　麗々毗曇厥名無比文約義豐總演天地盛尊延剖眷賴斯
視瑩無不彰根無不利叅云斯邑見去々帝許循右歎是馳是播
大代太和三年歲次己未十月己巳廿八日丙申於洛州所書寫
成訖

八、佛說歡普賢經卷

時間：南朝　齊武帝　永明元年（四八三）正月

書者（供養人）：比丘尼釋法敬供養

長寬：

顏色：

書體：楷書　　（取自二玄社六朝寫經集）

藏所：日本　東京　書道博物館

題記：永明元年正月謹寫，用紙十四枚。

比丘尼釋法敬供養。

乞原赦又曾身任國王殺伐爲事信用邪言誅
戮賢明輕侮二儀不敬三寶[illegible]厚妖孽饑捕
懺悔者正法治國不邪枉人民是名脩第三
懺悔第四懺悔者於六齋日勅諸境內力所
及處令行不殺脩如此法是名脩第四懺悔
第五懺悔者但當深信因果信一實道知佛
不滅是名脩第五懺悔佛告阿難於未來世
若有脩習如此悔法當知此人著慙愧服諸

佛護助不久當成阿耨多羅三藐三菩提說
是語時十千天子得法眼淨彌勒菩薩等諸
大菩薩及以阿難聞佛所說歡喜奉行

佛說觀普賢經卷一

永明元年七月謹寫用紙十四枚

比丘尼釋法敬供養

九、大方等大集經

時間：南朝　齊武帝　永明十年（四九二）
書者（供養人）：比丘无覺敬造
長寬：
顏色：
書體：楷書　（取自平凡社書道全集第五卷）
藏所：日本　京都國立博物館
題記：永明十年八月七日，比丘无覺，敬造大方等大集經一部。以此功德，願七世父母，早生淨
土，心念菩提，一切含生，壽命增長，遠離惡道。

无㝵稱悉知過去未來現在是名惠力復次
善男子喜者名信不退轉者名為精進不狂
亂者名為念力了了知者名為惠力復次善
男子以信力故能有所作以進力故事得畢
竟以念力故无所漏失以惠力故能如法說
復次善男子觀疑因故名為信力遠離癡故
是名進力更不生癡是名念力說能壞疑是
名惠力復次善男子信佛法者是名信力為

万二千衆生發阿耨多羅三藐三菩提

大方等大集經卷第十二

永明十年八月七日比丘无覺敬造大方
等大集經一部以此功德願七世父母早
生淨土心念菩提一切含生壽命增長
遠離惡道

一〇、維摩義記

時間：北朝　北魏宣武帝　景明元年（五〇〇）

書者（供養人）：比丘曇興寫訖

長寬：七九二・四八公分

顏色：染黃

書體：行草書　（取自中圖微卷與故宮敦煌篇二）

藏所：英國　倫敦　大英博物館　S.二一〇六

題記：景明原年二月廿二日，比丘曇興於定州豐樂寺寫訖。

心後何由能發大乘心通疑二乘是出世善何由不發義釋煩惱既重遠
離劫之苦欣樂情深背苦餘甚聞談大乘得至極之樂即便發心類獲斯
果二乘厭惑永亡三界苦盡窮秋自安不能發分外之心若見無為空理入
小乘位者不能發菩提心下三譬初二明凡夫作喻後一明二乘作喻高原不生
蓮花卑濕淤泥乃生此花二乘見第一義空入小乘正位者畢竟不能發心
譬欲形乘凡夫煩惱泥中能生大乘心花又如殖種於空終不得生糞壤
之地乃能滋茂入無為空理證乘小乘正位者不生大乘心法凡夫起我見如須彌
猶發心名為法矣是二乘不發凡夫能發故一切煩惱為如來種不下巨海不能
得無價寶二乘不能發菩提心故不能得如來大果之寶故無業累無義
技頌斯語所以處如所言煩惱及業惡中之尤為如來種而我輩聞不任發

道場以下還明空有相成又於諸法以下由見法性養但自轉明利依於義
者明四依不次依義在前何以而然義俓故尒前明无生忍是第一
義此俓故先明依義以下皆尒　囑累品　上依未来以知通故言
囑累初至而為廣説委上依以知通從弥勒當知以下亦上依之人未来知
道俓時識其惡也從如所説吾助尒喜者一明上依能離其惡二明未来能
知通経有二義稱聖心所以喜於是初菩薩以下明下依以流通尒時四天
王以下明四天王擁護持経之人有二義如前以喜也告阿難以下勸上四依未
来知通其経以告阿難通其文已受持要者受持二請之要者當何
名斯経者問其名月以受持也

景明元年二月廿二日比丘曇興於定州豊樂寺寫訖

維摩義記

一一、大般涅槃經卷第四〇

時間：北朝　北魏宣武帝　正始二年（五〇五）
書者（供養人）：比丘僧照寫
長寬：二六・四公分
顏色：
書體：楷書　（取自平凡社書道全集第六卷）
藏所：日本　東京　書道博物館
題記：正始二年正月八日，信士張寶護，武威人也。涼州刺史前安樂王行參軍援護。蓋聞志性虛寂，超于名像之表，冥化幽微，絕于䛜……上首，一切含識之類者，同斯䂂。　比丘僧照寫　張援經。

退忍之名五法忍之名如法界六万五千菩
薩得陁羅尼是陁羅尼之名大念心之名无
畏智七万五千菩薩得師子吼三昧是師子
吼三昧之名金剛三昧之名五智印三昧八万
五千菩薩得平等三昧是平等三昧之名大
慈大悲无量恒河沙等衆生發阿耨多羅三
藐三菩提心无量恒河沙等衆生發緣覺心
无量恒河沙等衆生發聲聞心人女天女二万
億人現轉女身得男子身須拔陁羅得阿羅

大般涅槃經卷第卅

延昌三年正月八日信士張寶護武威人也深知形非常樂五行參
畢護護盡見大性者家超言名際之表寶化幽微絶
言詮辭寫之首是故弟子開發微心減割資分之餘庭
士敬寫大般涅槃一部為七世父母所生父母家眷大小內外
親戚速離三塗值遇三寶覩聞者悟無生忍龍花
能運之時諸賢十方
初會聽為上首一切含識之類普同斯願此善俱時成
張護經

二一、大般涅槃經卷第十一

時間：南朝　梁武帝　天監五年（五〇六）
書者（供養人）：佛弟子譙良顒敬造
長寬：六九三・四二公分
顏色：淡褐
書體：楷書　（取自故宮敦煌篇二）
藏所：英國　倫敦　大英博物館　S.〇〇八一
題記：天監五年七月廿五日，佛弟子譙良顒，奉爲　亡父於荊州竹林寺，敬造大般涅槃經一部，願
七世含識，速登法王无畏之地，比丘僧倫龔弘亮二人爲營。

餓鬼不退聲聞辟支佛地不為異見耶風所散而作是耶命復次善男子又復動者不為貪欲恚癡所動又復墮者不墮四重又復退者不退戒還家又復散者不為違逆大乘經者之所散壞復次菩薩摩訶薩亦復不為諸煩惱魔之所傾動不為陰魔所墮乃至坐於道場菩提樹下雖有天魔不能令其退於阿耨多羅三藐三菩提亦復不為死魔所散善男子是名菩薩摩訶薩脩集聖行善男子云

故故名聖人有七聖財所謂信戒慚愧多聞
智慧捨離故名聖人有七聖覺故名聖人以
是義故復名聖行

大般涅槃經卷第十一

天監五年七月廿五日佛弟子譙
良顒奉為　亡父於荊州竹林寺
敬造大般涅槃經一部願七世
含識速登法王无畏之地比丘
僧倫龢和亮二人為營

一三、成實論卷第十四

時間：北朝　北魏宣武帝　永平四年（五一一）
書者（供養人）：經生曹法壽所寫
長寬：八五三．四四公分
顏色：淡黃
書體：楷書　（取自故宮敦煌篇二）
藏所：英國　倫敦　大英博物館　S．一四二七
題記：

經生曹法壽所寫　用帋廿五張　永平四年，歲次辛卯，七月廿五日，燉煌鎭
官經生曹法壽所寫論成訖。　典經師令狐崇哲
校經道人惠顯

煩惱因緣身又貪等煩惱諸善人皆永斷滅
必當見貪等因緣今世後世得度衆惱事是
故求斷若不尒則不求斷若人説身自在
等是人亦求斷貪欲等故知貪欲等因緣有
身又智者知以智慧而得解脫可知以无智
故縛故知煩惱因緣有身又佛處處經中説
貪喜盡故得正解脫所以者何眼色等不名
為縛貪喜為縛破貪喜故心得正解脫解脫
心能入泥洹故知煩惱因緣有身又以空无

成實論卷第十四

經生曹法壽所寫　用紙廿五張

永平四年歲次辛卯七月廿五日燉

煌鎮官經生曹法壽所寫論成訖

典經帥令狐崇哲

校經道人惠顯

一四、誠實論卷第八

時間：北朝　北魏 宣武帝　延昌三年（五一四）
書者（供養人）：經生師令狐崇哲於法海寺寫此論成訖
長寬：二六・五公分
顏色：茶
書體：楷書　　（取自二玄社敦煌書法叢刊第二〇卷）
藏所：法國　巴黎　國立圖書館　P.二一七九
題記：延昌三年，歲次甲午，六月十四日，燉煌鎮經生師令狐崇哲，於法海寺寫此論成訖竟。
用帋廿六張
校經道人

三業品第一百

問曰經中說業善不善无記業何等是善業
答曰隨以何業能与他好事是業名善是善
業從布施持戒慈等法生非洗浴等問曰何
名爲好答曰令他得樂是名爲好亦名爲善
亦名爲福問曰若令他得樂名爲福者令他
得苦應當有罪如良醫針灸令他生苦是應
得罪答曰良醫針灸爲与樂故不得罪也問
曰若爲与樂便得福者如婬他妻令其生樂

是語无荅謂殺无福如言人責應死殺无罪
者則殺能家亦應无罪有一切衆生皆是罪
人以起作業受陰身故殺則殺生无罪者是
事不可問曰若衆生先自造殺緣今殺何故
得罪刼盜等業亦皆如是荅曰若尒則无罪
福所以者何是人前世造殺緣故殺之无罪
故雖此殺生亦无福德如是若施他人之无應
福以受者先世自施業今因
故雖此殺生亦无福德如是若施他人亦應

誠實論卷第八

延昌三年歲次甲午六月十四日敦煌鎮經生帥令狐崇哲於法

海寺寫此論成訖竟

用紙廿六張

校經道人

一五、出家人受菩薩戒法卷第一

時間：南朝　梁武帝　天監十八年（五一九）
書者（供養人）：戴萌桐書
長寬：
顏色：
書體：楷書（取自二玄社敦煌書法叢刊第二〇卷）
藏所：法國　巴黎　國立圖書館　P.二一九六
題記：大梁天監十八年，歲次己亥，夏五月　勅寫　用帋廿三枚　戴萌桐書　睪佡之讀
瓦官寺釋慧明奉持

薩波羅夷罪

菩薩若自妄語教人妄語方便妄語妄語曰妄語業妄語法妄語緣乃至不見言見見言不見身心妄語而菩薩常生正語亦生衆生正語正見而反更起一切衆生耶語耶見業是菩薩波羅夷罪

菩薩若自酤酒教人酤酒酤酒曰酤酒業酤酒法酤酒緣一切酒不得酤是酒起罪曰緣

心而反更助惡人邪見人謗是菩薩波羅夷罪

是名十波羅夷諸餘罪相亦須廣如應以巧智隨事分別說罪相畢受者禮佛三拜禮智者是一拜智者出受者隨後出若有多人受戒者智者還初座受者先出就道場外下座坐若道場內寬欲多人受之得但令寂靜一二能受持教師語若喧雜不能受持教師語者不名得戒

受者事畢應當就師別請戒本所言戒本者受時已得正恐受後遺忘所以須請及以罪相如法誦持

出家人受菩薩戒法卷第一

大梁天監十八年歲次己亥夏五月 勅寫

用紙廿三枚

戴萌桐書

睪山之讀

瓦官寺釋慧明奉持

一六、華嚴經卷第三

時間：北朝　北魏孝明帝　正光三年（五二二）

書者（供養人）：比丘法定寫

長寬：三九六・二四公分

顏色：黃

書體：楷書　（取自故宮敦煌篇二）

藏所：英國　倫敦　大英博物館　S.二七二四

題記：夫妙旨無言，故假教以通理，圓體非形，必藉□以表眞。是以亡兄沙門維那慧超，悟射命難
……，體悟旡生，早□苦海，普及含靈，齊成正覺。　大魏正光三年，歲次壬寅，四月八日
□訖。

恭敬供養我　普莊嚴大力　勝須彌山佛　成汝无上道
普願常勇猛　具足大名稱　一切法界滿　淨諸佛剎海
尒時一切功德本勝須彌山雲如來壽五十
億歲彼佛滅度後有佛出世号一切度離癡
清淨眼王如來普莊嚴童子見是如來已即
得念佛三昧普門海藏三昧无量智持轉法
輪三昧甚深法樂三昧佛說經名一切法界
自性離垢莊嚴有世界微塵等脩多羅以
為眷屬普莊嚴童子聞是經已即得三昧名

用紙廿五七

夫妙旨迢言故假教以通理圓體非形名藉以表真是以
亡兒沙門維那慧超悟躬命難恃識三界易依故減竭
躬唯福是務侖金容於盡祠寫涅盤於竹素而銘功
未就儵遷異世弟比丘法定仰瞻遺蹤感慕遂甚
故罄鉢侖刷唐寫家經華嚴涅槃法華維摩金剛
般若金光明勝鬘無量壽鍾亡兒騰神梵鄉遊形淨國
體悟无生早苦海普及含靈齊成正覺
大魏正光三年歲次壬寅四月八日□訖

一七、大智第二十六品釋論

時間：北朝　北魏節閔帝　普泰二年（五三二）
書者（供養人）：東陽王元榮敬造
長寬：
顏色：
書體：楷書　（取自二玄社敦煌書法叢刊第二一卷）
藏所：法國　巴黎　國立圖書館　P.二一四三
題記：大代普泰二年，歲次壬子，三月乙丑朔，廿五日己丑，弟子使持節散騎常侍都督領諸軍事車騎大將軍開國儀同三司瓜州刺史東陽王元榮，……，國豐民安，善願從心，含生有識，咸同斯願。

訶薩從初發心般若波羅蜜中應如是住以
无説无聽者故問曰諸夜叉語雖隱覆不正
而事則鄙近説深般若波羅蜜雖用常辭而
幽旨玄遠事異趣乖何以故相説荅曰諸天
趣以人所不解説以求悟不死事趣皆同以
為喻也有人言天帝九百九十門門皆以十
六青衣夜叉守之此諸夜叉語言浄為情趣
妖謟諸天賤之不以在意是故不解其言而
其意説可不須言辭而識故言而尚可了知

一切法无說无聞諸觀滅故語言斷故不〻
可〻說〻故不〻可〻聽〻故不〻可〻知
〻故於一切法无受无着則入涅槃

大智第廿六品釋論竟

大代普泰二年歲次壬子三月乙丑朔廿五日己丑弟子使持節散騎常
侍都督嶺西諸軍事車騎大將軍開府儀同三司瓜州刺史
東陽王元榮惟天地妖荒王路否塞君臣失禮於茲多載天子
中興是以遣息叔和詣闕修受弟子年老疹患冀望叔和
早得還回敬造无量壽經一百部卌部為毗沙門天王卌部

一八、律藏初分卷第十四

時間：北朝　北魏節閔帝　普泰二年（五三二）

書者（供養人）：東陽王元榮敬造供養

長寬：

顏色：

書體：楷書　　（取自二玄社六朝寫經集）

藏所：日本　東京　書道博物館

題記：大代普泰二年，歲次壬子，三月乙丑朔，廿五日己丑，弟子使持節散騎常侍都督領諸軍事車騎大將軍開府儀同三司瓜州刺史東陽王元榮，……，國豐民安，善願從心，含生有識，減同斯願。

羅是謂為犯不犯者若病者自索若為他索
為己若不求而得无犯无犯者初未制戒時
癡狂心亂痛惱所纏 卅二

律藏初分卷第十四

大代普泰二年歲次壬子三月乙丑朔廿五日己丑弟子使持節散
騎常侍都督嶺西諸軍事車騎大將軍開府儀同三司征

州刺史東陽王元榮唯天地妖荒王路否塞君臣失礼於茲
多載　天子中興是得遣息叔和早得回還敬造无量壽
經百部卅部為毗沙門天王卅部為帝釋天王卅部為梵釋
天王造摩訶衍一部百卷卅卷為毗沙門天王卅卷為帝釋天王卅
卷為梵釋天王内律一部五十卷一分為毗沙門天王一分為帝釋天
王一分為梵釋天王造賢愚一部為毗沙門天王觀佛三昧一部
為帝釋天王大雲一部為梵釋天王願天王等早成佛道又願
元祚无窮帝嗣不絕四方附化惡賊退散國豐民安善願
從心含生有識之類咸同斯願

一九、大般涅槃經卷第卅一

時間：北朝　北魏孝武帝　永熙二年（五三三）
書者（供養人）：東陽王元太榮敬造供養
長寬：四七二・四四公分
顏色：淡黃
書體：楷書（取自故宮敦煌篇二）
藏所：英國　倫敦　大英博物館　S.四四一五
題記：大代大魏永熙二年七月十五日，清信士使持節散騎常侍開府儀同三司都督嶺西諸軍……比沙門天王，願弟子所患永除，四體休寧，所願如是。

一交竟

涉嶮路一則有目一則盲瞽有目之人直過
患无盲者墮落隤深坑嶮善男子譬如二人
俱共飲酒一則多食一則少食其多食者飲
則无苦其少食者飲則成患善男子譬如二人
俱敵怨陳一則鎧杖具足嚴一則白身其
有杖者能破怨敵其白身者不能自免復二
人著穢汙衣一覺尋浣一覺不浣其尋浣
者衣則淨潔其不浣者垢穢日增復有二人
俱共乘車一有副軸一无副軸有副軸者隨

一有寶藏一則无藏有寶藏者心无憂臧其
无藏者心則愁惚愚短之人出復如是有善
藏者重業輕受无善藏者輕業重受

大般涅槃經卷第廿

大代大魏永熙二年七月十三日清信士使持節散騎常侍開府儀同三司都督嶺西諸軍
事車騎大將軍瓜州刺史東陽王元太榮敬造涅槃法華大雲賢愚觀佛三昧祖持金
光明維摩藥師各一部合一百卷仰為比沙門天王願弟子所患永除
四體休寧所願如是

一交竟

二〇、法華經義記第一卷

時間：北朝　西魏文帝　大統二年（五三六）

書者（供養人）：

長寬：

顏色：

書體：行草書　（取自二玄敦煌書法叢刊第二一卷）

藏所：法國　巴黎　國立圖書館　P.三三〇八

題記：

利都法師釋之

比丘曇延許　丙辰歲　用帋卅□

大統二年，歲次丙辰，六月庚仵朔三日水酉……福，逮及含生有識之類，齊悟一實无二之理。

薩所不如者仏能知之故道仏眼自下三處明見不同法說一中為
上根人言樹王下初成正覺見有三根即為說三下人見中為中根
人道法身中見諸衆生廣起煩惱為昔道由雖起煩惱猶乃
道根應生為說上法說中五濁前明其見也此喻說中五濁後方彰
見所以然者正欲備讚相成使人取解之可彰其利鈍故尒下
宿緣中為彼下根明王子時未成仏前已見根性所以三處明見不
同者當為三人更易故也我以仏眼觀之初成道時見諸衆生有
彼道根為我嬰纏雖心需照何常不見始今彰者明可教時也
此中既尒計二類卻此初未偈頌上諸仏出於五濁惡世能悲人也

四一偈釋第一偈末後三偈對勸中下應當生信凡夫无解故以
守迷故言其不習學亦不能曉了此法是躰之明解在淺應疑
真偽宜應捨真以捨於偽故言既已知諸佛世之師隨宜方便
事者知三權化方便事也

剡都法師釋了

法華經義記第一卷　比丘曇延許　丙辰歲

用紙卅

大統二年歲次丙辰六月庚午朔三日丁酉寫此法華
義記一部願令此福及含生有識之類齊悟
一習九二千之理

二一、東都發願文

時間：北朝　西魏文帝　大統三年（五三七）

書者（供養人）：令狐烋寶書之

長寬：

顏色：

書體：楷書　（取自二玄社敦煌書法叢刊第二一卷）

藏所：法國　巴黎　國立圖書館　P.二一八九

題記：大統三年五月一日，中京廣平王大覺寺，涅槃法師智嚴，供養東都發願文一卷，仰奉明王殿下，在州施化，齊於友稱之世，流潤與姬文同等，十方衆生含生，同於上願。　令狐烋寶書之。

即死即壞如覩九相臭爛可惡令彼驚慙流
自為惱即時厭離永滅欲火若有人去此人清
淨不慈如是逼以非梵心生歡喜還復於身如諸佛
菩薩本所願揚選調伏皆令度脫如蓮在水不着
又願在在生處若未有識知未得本心或以乳或以
蠶或以繭或以肉危諸生類以相逼飲者願使弟
子蕭衍口即噤即閉若苦相逼強舌卷入喉
終不可開令彼慙愧起慈悲心懷食生類畢竟
永斷若有人云以水飲以菓來心生歡喜口即開

諸仙依歸十方盡虛空界一切
聰明正直之神又歸今日十方不可思議不可說无邊
幽顯一切大衆同共證明弟子蕭衍今日大依歸大
懽歸也

大統三年五月一日中京廣平王大覺寺涅槃法師智嚴依舊
東都發願文一卷仰奉明王殿下在州施化齊於天維
之世流潤与雅文同等十方界生同會生同此願

令狐休寶書之

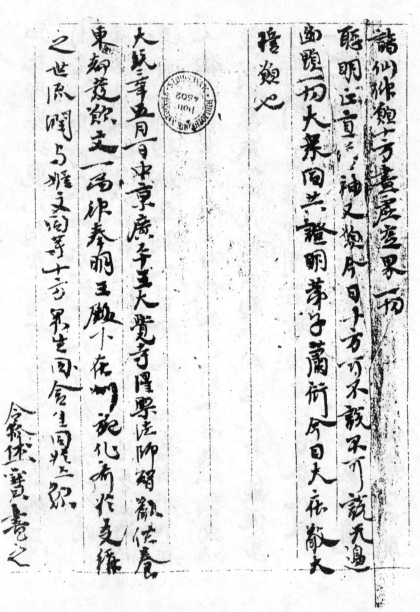

一三一、大比丘尼羯磨一卷

時間：北朝　西魏文帝　大統九年（五四三）
書者（供養人）：比丘尼賢玉所供養
長寬：六四〇・〇八公分
顏色：淡黃
書體：楷書　（取自中圖微卷）
藏所：英國　倫敦　大英博物館　S.〇七三六
題記：大統九年七月六日已丑朔寫訖，比丘尼賢玉所供養。　比丘尼賢玉，起發寫羯磨經一卷，願此功德，普及一切十方世界、六道衆生，……此願，必得成就，果成佛道，三惡衆，應時解脫。

中乞半月摩那埵僧已與我半月摩那埵我比丘尼
某甲於今二部僧中行半月摩那埵已行若干日在白
大德僧今知我行摩那埵比丘尼半月行摩那埵竟應集比丘僧廿人尼亦廿人二部僧中偏露右肩脫
草屣右膝著地合掌作如是言大僧德聽我比丘尼某甲犯某甲若干僧
殘罪已從二部僧乞半月摩那埵僧已與我半月摩
那埵竟今從僧乞出罪羯磨願僧與出罪羯磨慈
愍故如是三說衆中應差勘能作羯磨者說衆中當作如是白大德僧聽此比丘尼某甲
犯某甲若干僧殘罪已從二部僧乞半月摩那埵僧今已
與比丘尼某甲半月摩那埵此比丘尼某甲已於二部僧
中行摩那埵竟今從二部僧中乞出罪羯磨若僧時到

結淨地難成護

大比丘尼羯磨一卷

大統九年七月六日己丑朔寫訖　比丘尼賢玉所供養

比丘尼賢玉　起發寫羯磨經一卷願此功德普及一切十方世界六道衆生心開
意解發大乘意棄此身命生生之處常為十方六道衆生而為導首如
三世諸佛及諸菩薩度諸衆生等无有異有能讀誦奉行此律者亦復如
是大聖齊心使棄此軀之後得成就果成佛道王尊衆應時解脫

一三二、法華經文外義一卷

時間：北朝　西魏文帝　大統十一年（五四五）

書者（供養人）：比丘惠襲於法海寺寫訖

長寬：二六・七公分×一五六〇公分

顏色：

書體：行草書　（取自香港中文大學敦煌吐魯番文物）

藏所：中國　上海博物館　三三一七號

題記：

一校竟

大統十一年，歲次乙丑，九月廿一日，比丘惠襲於法海寺寫訖，流通末代不絕也。

相々續而成此一念亦是相續緣成々假而實中乃用不若亦是相續緣成
假實法中亦應乃亦義等是相續緣成假所以眼識一念中乃了別々義善
則無用也又解眼識亦相續緣成假但三相實法々位實位相續乃來（財）境根塵
相順起則了別清黃故實中乃用也亦本要就假位相續故相續中乃用實
中無也又乃根塵相順實中乃用不若亦善本起則順理實中亦應乃亦也又
解不同起則順（理）實中得乃亦善義不得乃亦義也又乃相續義云何又答解義
不同一解前能感後前與後作因不得續名後必起前後不絕前後念上得具續
名也又乃前能感後前得作後々必起前後得作前以不又解前能感後前得作
後々而亦而亦得起前不得作前也何以得知金對心感種智得與種智作因故得
作種々智々起金對不得作金對也所以如此金對是因無常不該種智是果常

類无漏不生故道〻言損也竟為何像也而言循道中更為勝進觧生不得言損无
漏我今更為中品觧生云何損无漏也雖復大小乘經別所斷无異也損時共損不
損共不損也又問若不損无漏云何名損生又觧損潤生之惑故言損生也實
不損无漏也何以得知勝鬘經言為餘生法不盡故為生三界外恒沙无明
是潤生之法正由不斷三界外習惑无明故更須受變易生身以此驗知
潤損生惑也前之三種餘法師所辨家復一觧經師所存未量是非
隨情消息便為用也

法華經文外義一卷　一挍竟

大統十一年歲次乙丑九月廿一日比丘惠龍於法海寺寫訖流通末代不絶也

二四、菩薩瓔珞本業經卷下

時間：北朝 西魏文帝 大統十七年（五五一）
書者（供養人）：比丘惠襲手自敬寫流通
長寬：
顏色：
書體：楷書 （取自二玄社六朝寫經集）
藏所：日本 小川勸之助 藏
題記：大統十七年，歲次辛未，比丘惠襲，仰為七世師僧父母、善惡知識、幷及法界含靈，有識衆生，手自敬寫流通，願七世師僧父母，善惡知識，一切含生，齊登妙覺。

天衣瓔珞百千伎樂百味飲食屋宅經書一
切所須之物皆悉給與如通法師當如敬佛
如事父母如事大婆羅門法佛子如事帝釋
父母師僧日日三時礼敬為法捨身沒命乃
是佛子如是求法之人乃可為說菩薩之大
行百千万佛轉授瓔珞法門時十億大衆嘆
言未來世中无法无三寶无賢人時劫從惡
世起故其說法者其聽法者甚難甚難復從
坐起各各悲泣號聲大動地轉海波三千到

而敬受持讀誦解說義句十劫不滅无窮无
盡各各歡喜奉行作礼而退

菩薩瓔珞本業經卷下

大統十七年歲次辛未比丘惠龍仰為七世
師僧父母善惡知識并及法界含靈有識
衆生手自敬寫流通願七世師僧父母善惡知
識一切含生齊登妙覺

一二五、大般涅槃經卷第十八

時間：北朝　北周武帝　保定元年（五六一）
書者（供養人）：佛弟子張㒰生敬寫流通
長寬：八八三·九二公分
顏色：金黃
書體：楷書　（取自中圖微卷）
藏所：英國　倫敦　大英博物館　S.二〇八二
題記：保定元年九月十七日，佛弟子張㒰生，爲家內大小，一切衆生，敬寫流通。

滅非相非非相斷一切相而立是相非數非
不數而立是數師非怖非安斷一切怖而立
是安非忍非不忍永斷不忍而立是忍非正
非不正斷一切正而立是正一切法頂悉能永
斷一切煩惱清淨无相永斷諸相无量衆生
畢竟住處能滅一切生死熾火乃是諸佛所
遊居處常不變易是名菩薩念法云何念僧
諸佛聖僧如法而住受正直法隨順脩行不

憂愁啼哭世間不空如來常住无有變易法
僧亦尒尒時大衆聞是語已啼哭即心悲歎
阿耨多羅三藐三菩提心

大般涅槃經卷第十八

保定元年九月十七日佛弟子張色生
為家內大小一切衆生敬寫流通

一二八、大般涅槃經卷第九

時間：北朝　北周武帝　建德二年（五七三）
書者（供養人）：清信弟子大都督吐知勤明發心敬造
長寬：二三・八公分×一〇四二・八公分
顏色：黃痲紙
書體：楷書　（取自香港中文大學敦煌吐魯番文物）
藏所：中國　上海博物館
題記：建德二年，歲次癸巳，正月十五日，清信弟子大都督吐知勤明發心，普爲法界衆生，過去七世父母亡靈、眷屬，逮及亡兒、亡女，并……，心心不斷。又願一切衆生，同厭四流，早成正覺。

大般涅槃經菩薩品第十六
復次善男子如日月光諸明中最一切諸明
所不能及大涅槃光亦復如是於諸契經三
昧光明最為殊勝諸經三昧所有光明所不
能及何以故大涅槃光能入眾生諸毛孔故
眾生雖無菩提之心而能為作菩提因緣是
故復名大般涅槃迦葉菩薩白佛言世尊如
佛所說大涅槃光入於一切眾生毛孔眾生

大般涅槃經卷第九

建德二年歲次癸巳正月十五日清信弟子大都督吐
知勤明發心爲法界衆生過去七世父母已靈
眷屬逮及已身已妻子并及現在妻息親戚知識
敬造大涅槃大品并雜經等流通供養願弟
子生生世世值佛聞法恒念菩提心心不斷又
願一切衆生同獻四流早成正覺

二七、佛說生經第一

時間：南朝　陳宣帝　太建八年（五七六）

書者（供養人）：沙門慧湛敬造

長寬：

顏色：

書體：楷書　（取自二玄社敦煌書法叢刊第二二卷）

藏所：法國　巴黎　國立圖書館　P.二九六五

題記：陳太建八年，歲次丙申，白馬寺禪房沙門慧湛，敬造經藏，普被含生，同佛性者，開甘露門，示解脫道，願乘此善，乃至菩提，裂……，入法流水，成等正覺，迴奉十方六道，爲無所得故。

祿位以為大臣而謂之曰吾之一國智慧方
便無還卿者欲以臣女若吾之女當以相配
自恣所欲對曰不敢若王見哀其實欲索其
國王女王曰善哉從所志願王即有若自以
為子遣使者往往令求使王女王即可之王
心念言續是盜魁前後狡猾即遣使者欲迎
吾女遣其太子五百騎乘皆使嚴整王即勅
外疾嚴車騎娉為賊臣即懷恐懼心自念言
若到彼國王必被覺見執不疑使將其王若

佛說生經第一

晉太康六年歲次丙申白馬寺禪房沙門慧
湛敬造經藏普被含生同仏性者開甘露
門亦解脫道願乘此善乃至菩提褁生死
網破无明鄣智慧神力次第開發入法流
水成等正覺迴奉十方六道爲無所得故

二八、大集經卷第十八

時間：隋文帝　開皇三年（五八三）

書者（供養人）：武侯師都督宋紹讀經求福

長寬：八八三．九二公分

顏色：粉白

書體：楷書　（取自中圖微卷）

藏所：英國　倫敦　大英博物館　S.三九三五

題記：開皇三年，歲在癸卯，五月廿八日，武侯師都督宋紹，遭難在家，爲亡考妣，發願讀大集經、涅槃經、法華經、仁王經、金光明經、勝鬘……，風雨順時。受苦衆生，速蒙解脫，所願從心。

願見放捨還本處　還已乃當聽正法

尒時世尊説偈答言

我不勸汝以去來　諸法性相尒如是
汝今若有大神通　隨意自在无遮者

是時波旬復説偈言

如佛世尊真實語　今者實无遮我者
我適欲還本處時　還即見身五處縛

佛言我已永斷一切繫縛欲解一切衆生繫縛我尒不念衆生諸惡是故得名解脱繫縛

尒時世尊見十方衆生悉来集會即説偈言

大集經卷第十八

開皇三年歲在癸卯五月廿八日武候帥都督
采紹遭難在家為亡考妣發願讀
大集經涅槃經法華經仁王經金光
明經勝鬘經藥師經各一部願亡者
神遊淨土永離三塗八難恒聞佛法
又願家眷大小福慶從心諸善日臻
諸惡雲消王路開通賊寇退散疫

二九、思益經卷第四

時間：隋文帝 開皇八年（五八八）
書者（供養人）：秦王妃崔敬造供養
長寬：七四六・七六公分
顏色：金黃
書體：楷書 （取自中圖微卷）
藏所：英國 倫敦 大英博物館 S.四○一○
題記：大隋開皇八年，歲次戊甲，四月八日，秦王妃崔，爲法界衆生，敬造雜阿含等經五百卷，流通供養。

員外散騎常侍吳顯華監
袁州政定沙門惠曠校

師子吼又憍尸迦師子吼名决定說一切法
无我无衆生師子吼名决定說諸法空師子
吼名守護法故而有所說師子吼名作是願
言我當作佛滅一切衆生苦惱師子吼名於
清淨所須物中少欲知足師子吼名常能不
捨阿蘭若住處師子吼名行施唱導師子吼
名常不捨持戒師子吼名等心慈觀師子吼
名常脩精進不捨本願師子吼名能除煩惱
師子吼名以慧善知所行說是師子吼時三
千大千世界六種震動百千伎樂不鼓自鳴

我當如是脩正道　无常我樂及不淨
迦葉當知此菩薩　我所稱讚諸功德
於其所行不可盡　猶如大地舉一塵
若發菩提心不退　三千大千供養具
若復有供過於此　是人應受此供養
若人發心願作佛　是則恭敬供養我
於去來今十方佛　亦皆恭敬供養已

建立法品第十六

尒時思益梵天謂文殊師利法王子當請如來護念斯經於後末世五百歲時令廣流布

文殊師利言於意云何佛於是經有法可示

梵天等行菩薩長老摩訶迦葉慧命阿難及
諸天衆一切世人受持佛語皆大歡喜

思益經卷第四

大隋開皇八年歲次戊申四月八日秦王妃
崔爲法界衆生敬造雜阿含等經五
百卷流通供養

員外散騎常侍[illegible]
東州[illegible]

三〇、持世經卷第三

時間：隋文帝　開皇九年（五八九）

書者（供養人）：隋文帝獨孤后敬造

長寬：二六公分×八二八公分

顏色：

書體：楷書　（取自香港中文大學敦煌吐魯番文物）

藏所：中國　上海博物館

題記：大隋開皇九年四月八日，皇后爲法界衆生，敬造一切經，流通供養。

世間出世間品第九
持世何謂菩薩摩訶薩善知世間出世間法
何謂得世間出世間法方便持世諸菩薩摩
訶薩正觀世間出世間法何等爲世間法菩
薩作是念凡所有法憶想分別從顛倒起衆
因緣生繫虛妄緣從二相起空无所有如虹
雜色亦如火輪誑於凡夫破壞義故假名世
間是故名世間是諸世間法皆非是實從虛

生諸菩薩善根成就亦有无量百千万億衆
生發阿耨多羅三藐三菩提心畢定受阿耨
多羅三藐三菩提記佛說是已持世菩薩及
跋陁婆羅伽羅訶[illegible]及餘菩薩并諸四
衆一切天人[illegible]

持世經卷第三

大隋開皇九年四月八日皇后[illegible]
[illegible]衆生敬造一切經流通供養

三一、大智論卷第卅二

時間：隋文帝　開皇十三年（五九三）
書者（供養人）：弟子李思賢敬寫供養
長寬：八五三・四四公分
顏色：金黃
書體：楷書　（取自故宮敦煌篇二）
藏所：英國　倫敦　大英博物館　S.五一三〇
題記：開皇十三年，歲次癸丑，四月八日，弟子李思賢敬寫供養。

大智論釋弟九品上　卷第卅二

尒時慧命須菩提白佛言世尊我不覺不得
是菩薩行般若波羅蜜當為誰說般若波羅
蜜世尊我不得一切諸法集散若我為菩薩
作字言是菩薩或當有悔世尊是字不住尒
不不住何以故是字无所有故以是故是字
不住尒不不住世尊我不得色集散乃至識
集散若不可得云何當作名字世尊是因緣
故是字不住尒不不住何以故是字无所有

法中亦无好醜相及受捨相以是故非法亦

非非法是名菩薩般若波羅蜜一切相不受

大智論卷第卅二 釋第九品上

開皇十三年歲次癸丑四

月八日弟子李思賢敬

寫供養

三一、華嚴經卷第卅七

時間：隋文帝　開皇十七年（五九七）

書者（供養人）：袁敬姿敬造供養

長寬：

顏色：

書體：楷書　（取自二玄敦煌書法叢刊第二二卷）

藏所：法國　巴黎　國立圖書館　P.二一四四

題記：開皇十七年四月一日，清信優婆夷袁敬姿，謹減粺身口之費，敬造此經一部，永劫供養，願從今已去，灾鄣弥除，……，罪滅福生，无諸鄣累，三界六道，怨親平等，普共含生，同昇仏地。

尒時壞散一切鄣智慧勢王菩薩承佛神力
觀察十方以偈頌曰

无量无數劫　佛音難得聞　何況親奉見　除滅諸疑惑
如來世間燈　究竟一切法　无上勝福田　令衆悉清淨
如來妙色身　一切莫能思　无量劫諦觀　其心无猒足
佛子善觀察　如來妙色身　除滅一切鄣　究竟成菩提
如來妙色身　出生淨妙音　无㝵諸辯才　廣開菩提門
普照一切衆　无量難思議　建立大乘智　授以菩提記
功德圓滿日　出興照世間　長養一切世　无量功德身

注詣廣說一念中三世一切佛出變化身充
滿一切法界廣說一身充滿一切世界海一
切佛剎海平等display持廣說一一境界中頭現
三世一切諸佛自在功德地廣說一一微塵
中顯現三世一切佛剎微塵等佛自在神力
廣說一一毛孔出三世一切佛大願海音開
發化導盡未來劫一切菩薩廣說處法界等
師子之座大眾圍遶莊嚴道場各隨其處轉
妙法輪盡未來劫未曾斷絕佛子此師子奮

如來身雲霞　一切諸佛刹　普雨甘露法　令衆住佛道

華嚴經卷第卅七

開皇十七年四月一日清信優婆夷袁敬姿謹減身口之費
敬造此經一部永劫供養願從今已去災鄣殄除福慶臻集
國界永隆万民安泰　七世久遠一切先靈並願離苦獲安遊神
淨國罪滅福生无諸鄣累三界六道怨親平等普共含
生同昇仏地

三三、中阿含經卷第八

時間：隋文帝　仁壽二年（六〇二）
書者（供養人）：經生張才寫
長寬：二六公分×四八七・六八公分
顏色：金黃
書體：楷書　　（取自中圖微卷）
藏所：英國　倫敦　大英博物館　S.三五四八
題記：仁壽二年十二月廿日，經生張才寫
　　用紙廿五張
　大興善寺沙門僧蓋校
　大集寺沙門法劉覆

比　是、身女[illegible]知比丘眾比丘尼
眾非注見如來時知優婆塞眾優婆私眾是
注見如來時知優婆塞眾優婆私眾非注見
如來時知眾多異學沙門梵志是注見如來
時知眾多異學沙門梵志非注見如來時知
此眾多異學沙門梵志能與如來共論知此
眾多異學沙門梵志不能與如來共論知此
食噉含消如來食已得安隱饒益知此食噉

初一日誦

侍者經第二竟 四千三百九十字

中阿含未曾有法品薄拘羅經第三

我聞如是一時佛般涅槃後不久尊者薄拘羅遊王舍城在竹林加蘭哆園尒時有一異學是尊者薄拘羅未出家時親善朋友中後彷徉往詣尊者薄拘羅所共相問訊却坐一面異學白賢者薄拘羅我欲有所問為見聽不尊者薄拘羅答曰異學隨汝所問聞已當思異學問曰賢者薄拘羅於此正法律中學

自歸乃至命盡佛說如是婆羅邏阿脩羅王
及諸比丘聞佛所說歡喜奉行
阿脩羅經第四竟 二千三百五十八字
中阿含經卷第八 一万六百六十三字

仁壽二年十二月廿　日經生張才寫
用紙廿五張
大興善寺沙門僧蓋校
大集寺沙門法讚覆

三四、大般涅槃經卷第十一

時間：隋煬帝　大業四年（六〇八）二月十五日
書者（供養人）：比丘慧休敬造
長寬：
顏色：
書體：楷書　（取自二玄社隋唐寫經集）
藏所：日本
題記：大業四年二月十五日，比丘慧休，知五衆之易遷，曉二字之難遇，謹割衣資，敬造此經一部，
　願乘茲勝福，……婆若　清信佛弟子尹嘉禮受持　開九開十開十一年各一遍　曇智受
持。

及菩薩之所行故故名聖行以何等故名佛
菩薩為聖人也如是等人有聖法故常觀諸
法性空寂故以是義故故名聖人有聖戒故
復名聖人有聖定慧故名聖人有七聖財所
謂信戒慚愧多聞智慧捨離故名聖人有
七聖覺故名聖人以是義故復名聖人

大般涅槃經卷第十一

大業四年十二月十五日比丘慧休知五衆之易遷曉二字之難遇謹

割衣資敬造此經一部願乘茲勝福三業清淨四覆圓明式

慧日增惑累消憾現在尊卑恒招福慶七世久遠永絕塵勞

普被含生遍沾有識同發菩提趣薩婆若

清信佛弟子尹嘉禮受持

劉文明[illegible]十二年[illegible]一遍

曇皆受持

三五、老子變化經

時間：隋煬帝　大業八年（六一二）
書者（供養人）：經生王儔寫
長寬：一九〇・五公分
顏色：黃
書體：楷書　（取自中圖微卷）
藏所：英國　倫敦　大英博物館　S.二二九五
題記：大業八年八月十四日，經生王儔寫　用紙四張　玄都玄壇道士覆校　裝潢人　秘書省寫。

神不爲使疾來逐我吾絕對絕青白爲表黃
黑爲裹赤爲生我從一而始中有黃氣可絕
酒教子爲道先當脩己怗泊靜寧捡其滿手
无爲无欲不憂患谷道來附身可度矣精思
放我神爲之使吾衛剛茅更勝負生氣在左
原氣在右中有黃氣元陽爲上通无極九宮
僮子精之思之可以成己一罷道成教告諸
子吾六度大曰橫流疾來逐我匊微相求可
以度厄思子替留立春癸巳赦徼罪因吾教

度數出有時節而化知吾者少非吾者多

老子變化經

6

大業八年八月十四日經生王儔寫

用紙四張

玄都玄壇道士覆校

裝潢人

祕書省寫

三六、勝鬘義記卷下

時間：隋煬帝　大業九年（六一三）

書者（供養人）：沙門曇皎寫之

長寬：

顏色：

書體：楷書　　（取自二玄社敦煌書法叢刊第二二卷）

藏所：法國　巴黎　國立圖書館　P.二〇九一

題記：

　　釋慧遠撰之也

大隋大業九年八月五日，沙門曇皎寫之，流通後世，校竟了。

經疏卷之下

来藏智是空智等説一諦者是上此四三是无常一
一依者是前此四是世間法一依出世如是等也顯
前文中如来藏者非我非生非命人等性浄隱覆是前
藏者是法界藏等説真子者是前隨信信増上等勝勝
説者是前文中更有餘益復説斷等自下第二別付帝
帝釋在家俗人慮不在心故〻〻付〻之又以帝釋任壽多
末法故仏別付先嘆（任持）次以付屬正法任者出其時天釋
有五百歳像法千載末法万年於此時中汝當讀誦為

從自下奉教傳持第四大衆聞法喜行相顯可知

義記卷下　釋慧遠撰之也

大隋大業九年八月五日

沙門曇皎寫之流通

後世披覽也

經疏卷之下

三七、僧伽吒經卷第二

時間：隋煬帝　大業十二年（六一六）六月廿四日
書者（供養人）：沙門智首敬寫
長寬：
顏色：
書體：楷書　（取自二玄社隋唐寫經集）
藏所：日本　東京　書道博物館
題記：大業十二年六月廿四日，大禪定道場沙門智首，敬寫一切經，上爲　至尊皇后，所生父母，法界蒼生，七世父母，敬心供養。

我慙忍辱是名法藏佛讚藥上菩提薩埵言

善哉善哉善哉善男子佛問此義汝義解說

僧伽吒經卷第二　一切經

大業十二年六月廿四日大禪定道場沙門智首敬

寫一切經上為　至尊后皇所生父母法界眷

生七世父母敬心供養

三八、維摩詰經卷第三

時間：涼　安樂三年（六二〇）　即唐高祖　武德三年

書者（供養人）：經生朱令望寫經成就。弟子閻碩供養

長寬：約二六公分

顏色：

書體：楷書（取自平凡社書道全集第七卷）

藏所：日本　東京　書道博物館

題記：寫妙法功德　普施於一切　同證會眞如　速成无上道

竊聞如來出於經教，金口所說，十二部尊經……　安樂三年三月十四日寫訖。弟子閻碩供養。

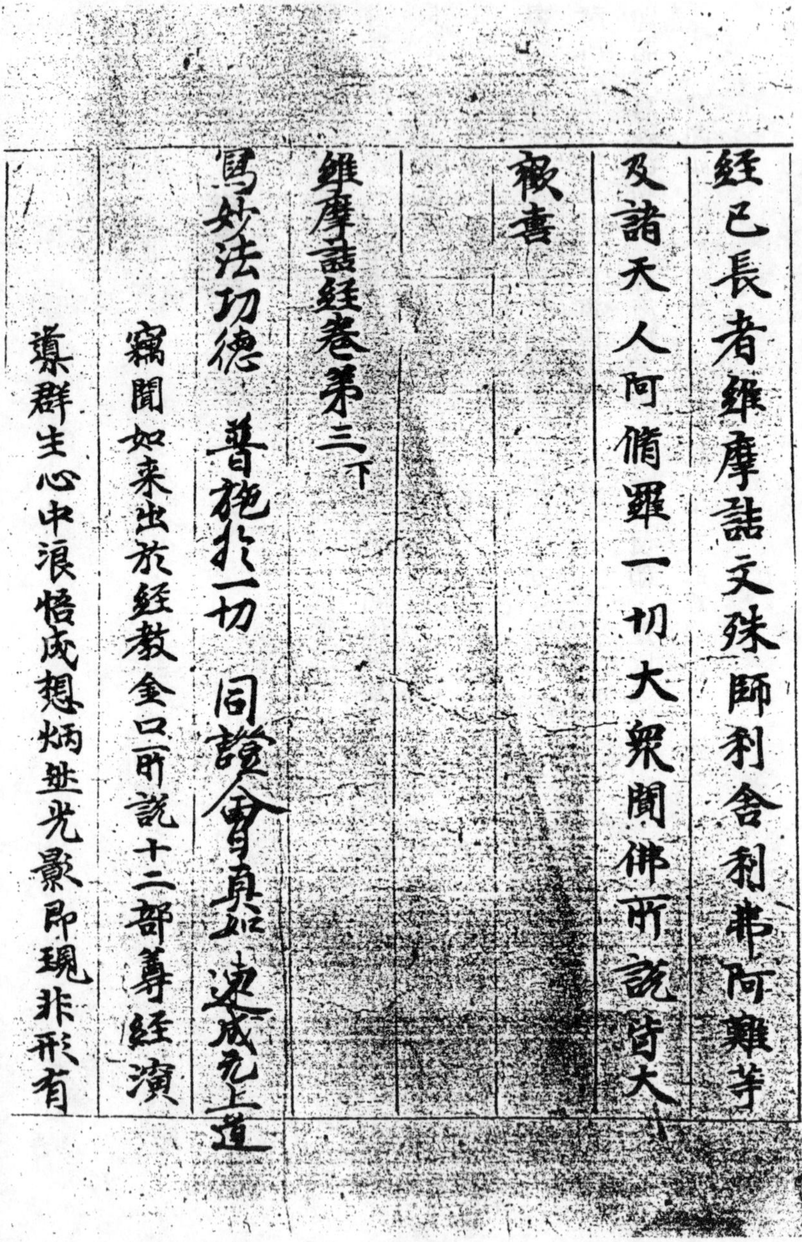

經已長者維摩詰文殊師利舍利弗阿難等
及諸天人阿脩羅一切大衆聞佛所說皆大
歡喜

維摩詰經卷第三下

爲妙法功德　普施於一切　同證會眞如　速成无上道

竊聞如來出於經教金口所說十二部尊經演
導群生心中浪悟成想炳然光影即現非形有

考亡妣七世先靈敬造維摩經一部華嚴十惡經一卷
弟子燒香遠請經生朱令謵用心齋戒香湯洗
浴身着淨衣在於靜室六時行道寫經成訖金
章玉軸瑠璃七寶莊嚴具足又願弟子兄弟合門眷
屬諸親知識等百惡從茲併滅十善還來擁護法輪恒轉
三塗無難耶摩縣亡六道眾生與時成佛

安樂三年三月十四日寫訖弟子闞碩從眷

三九、臨智永真草千字文殘卷

時間：唐太宗　貞觀十五年（六四一）
書者（供養人）：蔣善進臨
長寬：約一〇二公分×約二五・三公分
顏色：茶褐色楮紙
書體：楷、草　（取自二玄社敦煌書法叢刊第一八卷）
藏所：法國　巴黎　國立圖書館　P.三五六一
題記：貞觀十五年七月，臨出此本，蔣善進記。

帷房紈扇圓潔銀燭煒煌
帷房紈扇圓潔銀燭煒煌
晝眠夕寐藍筍象床絃歌
晝眠夕寐藍筍象床絃歌
酒讌接杯舉觴矯手頓足
酒讌接杯舉觴矯手頓足

三九、臨智永真草千字文殘卷　唐太宗　貞觀十五年（六四一）

想浴執熱願涼驢騾犢特

想浴執熱願涼驢騾犢特

駭躍超驤誅斬賊盜捕獲

駭躍超驤誅斬賊盜捕獲

叛亡布射遼丸嵇琴阮嘯

叛亡布射遼丸嵇琴阮嘯

朗曜旋璣懸斡晦魄環照
朗曜旋璣懸斡晦魄環照
指薪脩祜永綏吉劭矩步
指薪脩祜永綏吉劭矩步
引領俯仰廊廟束帶矜莊
引領俯仰廊廟束帶矜莊

徘徊瞻眺孤陋寡聞愚蒙

徘徊瞻眺孤陋寡聞愚蒙

等誚謂語助者焉哉乎也

等誚謂語助者焉哉乎也

上元二年十二月十三日記

上元元年十二月十五日記

月出此本

貞觀十五年七月臨出此本蔣善進記

四〇、阿毗曇毗婆沙卷第六十

時間：唐高宗　龍朔二年（六六二）
書者（供養人）：經生沈弘寫
長寬：二七・八公分×八一・八公分
顏色：
書體：楷書　（取自平凡社書道全集第二六卷）
藏所：日本　東京　書道博物館
題記：龍朔二年七月十五日，右衞將軍鄂國公尉遲寶琳與僧道爽及鄠縣有緣知識等，敬於雲際山寺，
潔淨寫一切　尊經……寺常住供養　經生沈弘寫，用紙十七張　造經僧道爽別本再校
訖。

未聞庶令日新之美敞於當時福祚之興垂
於来葉梃以徽緣預叅聽未欣遇之誠竊不
自默粗列時事以貽来哲
如来滅後法勝比丘造阿毗曇心四卷又迦
旃延子造阿毗曇有八揵度凡四十四品後
五百應真造毗婆沙重釋八揵度當且渠翻
時大卷一百大武破且渠已後零落收拾得
六十卷後人分之作一百一十卷唯釋三揵
在五揵度失盡

龍朔二年七月十五日右衛將軍鄂國公尉遲寶
琳與僧道爽及鄠縣有緣知識等敬於雲際山寺
潔淨寫一切　尊經以此勝因上資
皇帝皇后七代父母及一切法界蒼生庶法船
鼓棹無溺於愛流慧炬揚暉靡幽於永夜釋
捨情塵之累咸昇正覺之道
此經即於雲際上寺常住供養
　經生沈和寫用紙十七張
　造經僧道爽劉本再校訖

四一、洞淵神祝經誓魔品第一

時間：唐高宗　麟德元年（六六四）
書者（供養人）：
長寬：二六公分×四〇〇公分
顏色：黃
書體：楷書　（取自中圖微卷）
藏所：法國　巴黎　國立圖書館　P.三二三三
題記：麟德元年七月廿一日奉　勑爲皇太子於靈應觀寫　初校道士李覽　再校道士嚴智　三
校道士王感　專使右崇掖衞兵曹參軍事蔡崇節　使人司藩大夫李文暕

四一、洞淵神祝經誓魔品第一

唐高宗　麟德元年（六六四）

洞淵神祝經誓魔品第一
道言吾昔在三天上為諸天女説无量經教
化一切時有下方世界真人慰明羅將諸人
衆卌九万人到于三天上聽説无量大經内
外安隱説經下坐明羅等悉更起三礼太上
問訊天尊教化難于弟子等傴傴以展下情
太上曰子從來明地來明羅曰然太上曰中
國之人頗有尊經奉師學仙者不明羅曰中
國人悪不信道法今但聞哭屍之音不聞有

弓口當復起焉
道言大劫欲至治王不愁人民吁嗟風雨不
時五穀不熟民生惡心反乱叛逆父子兄弟
更相圖謀以致滅國怨賊流行煞害无辜當
此之世疫氣衆多天下行九万種病痛煞惡
人遣赤頭煞鬼鬼王身長万丈領卌六万億
煞鬼鬼各持赤棒遊歷世間專行取生人日
日催之青炁者卒死赤炁者腫病黄炁者下
利白炁者霍乱黒炁者官事此鬼等持此炁
布行天下煞其愚人唯有道士法師受神祝

伏勿當魁罰叱叱叱叱

洞淵神呪懺魔品第一

麟德元年七月廿一日奉 勅為皇太子於靈應觀寫

初校道士李覽

再校道士嚴智

三校道士王感

專使右崇掖衛兵曹參軍事蔡崇節

使人司藩大夫李文暕

四二、妙法蓮華經卷第三

時間：唐高宗　咸亨二年（六七一）
書者（供養人）：書手程君度寫
長寬：八三八・二公分
顏色：暗黃
書體：楷書　（取自中圖微卷）
藏所：英國　倫敦　大英博物館　S.五三一九
題記：咸亨二年五月廿二日，書手程君度寫　用麻紙十九張　裝潢經手王恭　詳閱大德靈辯
詳閱大德嘉尚　詳閱大……　使太中大夫行少府少監兼檢校將作少匠永興縣開國公
虞昶監

二万億佛亦復如是供養是諸佛已具菩薩
道當得作佛号曰閻浮那提金光如來應供
正遍知明行足善逝世間解无上士調御丈
夫天人師佛世尊其土平正頗梨為地寶樹
莊嚴黃金為繩以界道側妙華覆地周遍清
淨見者歡喜无四惡道地獄餓鬼畜生阿脩
羅道多有天人諸聲聞衆及諸菩薩无量万
億莊嚴其國佛壽十二小劫正法住世二十
小劫像法亦住二十小劫尒時世尊欲重宣
此義而說偈言

尒乃集大衆　為說真實法　諸佛方便力　分別說三乘
唯有一佛乘　息處故說二　今為汝說實　汝所得非滅
為佛一切智　當發大精進　汝證一切智　十力等佛法
具三十二相　乃是真實滅　諸佛之導師　為息說涅槃
既知是息已　引入於佛慧

妙法蓮華經卷第三

咸亨二年五月廿二日書手程君度寫

用麻紙十九張

咸亨二年五月廿二日書手程君度寫

用麻紙十九張

裝潢經手王恭

詳閱大德靈辯

詳閱大德嘉尚

詳閱大德玄則

詳閱大德持世

詳閱大德薄塵

詳閱大德德感

太原寺主慧立監

太原寺上座道成監

経生程度 初校

大總持寺僧大道 再校

大總持寺僧智安 三校

判官少府監掌冶署令向義感

使大中大夫行少府少監兼檢校將作少匠永興縣開國公虞昶 監

四三、妙法蓮華經卷第五

時間：唐高宗　儀鳳二年（六七七）
書者（供養人）：羣書手張昌文寫
長寬：二五・三公分×二七二・三公分
顏色：
書體：楷書　（取自香港中文大學敦煌吐魯番文物）
藏所：中國　上海博物館　三三二二號
題記：儀鳳二年二月十三日，羣書手張昌文寫
　用紙二十張

菩薩摩訶薩阿逸多我說是如來壽命長遠
時六百八十万億那由他恒河沙衆生得无
生法忍復千倍菩薩摩訶薩得聞持陁羅尼
門復有一世界微塵數菩薩摩訶薩得樂說
无礙辯才復有一世界微塵數菩薩摩訶薩
得百千万億无量旋陁羅尼復有三千大千
世界微塵數菩薩摩訶薩能轉不退法輪復
有二千中國土微塵數菩薩摩訶薩能轉清

又應作是念 不久詣道場 得无漏无爲 廣利諸人天
其所住止處 經行若坐卧 乃至說一偈 是中應起塔
莊嚴令妙好 種種以供養 佛子住此地 則是佛受用
常在於其中 經行及坐卧

妙法蓮華經卷第五

儀鳳二年二月十二日群書手張昌文寫

用紙二十張